"十二五"普通高等教育本科国家级规划教材配套辅导用书
普通高等教育"十一五"国家级规划教材配套辅导用书

植物学学习指南与题解

金银根　何金铃　吴晓霞　主编

科学出版社
北京

内 容 简 介

植物学是生物学类和种植业类各相关专业的重要基础课程。增强学生对植物学知识、技能和方法的学习，引导学生会学、能学、爱学，培养学生自主学习、合作学习和探究性学习的好习惯，提高学生科学核心素养和促进学生成才。这是编者多年的夙愿，本书也因此而成。全书分为三篇。第一篇是学习植物学的科学方法，让学生入门，为他们指点迷津、传道授技；第二篇是植物学主要知识梳理、习题与答案，突出了知识要点，且围绕重点、难点设计习题并配备了参考答案；第三篇选配了6套植物学综合考试模拟试卷，让学生复习参考，了解考试题型、内容广度和深度，帮助学生自我评估学习效果。

本书不仅适合专科生和本科生使用，也适合研究生使用。

图书在版编目（CIP）数据

植物学学习指南与题解 / 金银根，何金铃，吴晓霞主编. —北京：科学出版社，2017.2

"十二五"普通高等教育本科国家级规划教材配套辅导用书　普通高等教育"十一五"国家级规划教材配套辅导用书

ISBN 978-7-03-051857-6

Ⅰ. ①植…　Ⅱ. ①金…　②何…　③吴…　Ⅲ. ①植物学-高等学校-教学参考资料　Ⅳ. ① Q94

中国版本图书馆CIP数据核字（2017）第033517号

责任编辑：王玉时　韩书云 / 责任校对：郑金红

责任印制：赵　博 / 封面设计：庆全新光

科学出版社 出版

北京东黄城根北街16号

邮政编码：100717

http://www.sciencep.com

北京华宇信诺印刷有限公司印刷

科学出版社发行　各地新华书店经销

*

2017年2月第 一 版　开本：787×1092　1/16

2025年8月第八次印刷　印张：8 3/4

字数：210 000

定价：39.80 元

（如有印装质量问题，我社负责调换）

《植物学学习指南与题解》编写委员会

主　　编　金银根　何金铃　吴晓霞

副 主 编　丁雨龙　王庆亚　王俊玲　王艳辉　丁海东
　　　　　　甘小洪　尚富德　季祥彪　徐小颖

编写人员　（按姓氏汉语拼音排序）

丁海东（扬州大学）	丁雨龙（南京农业大学）
甘小洪（西华师范大学）	何金铃（安徽农业大学）
黄世霞（安徽农业大学）	季祥彪（贵州大学）
金明蔚（扬州工业职业技术学院）	金银根（扬州大学）
	李大辉（安徽农业大学）
骆　乐（扬州大学）	尚富德（河南大学）
王海燕（安徽农业大学）	王俊玲（河北农业大学）
王庆亚（南京农业大学）	王艳辉（河北农业大学）
吴晓霞（扬州大学）	徐小颖（扬州大学）
薛达元（中央民族大学）	燕　玲（内蒙古农业大学）
周灵燕（安徽农业大学）	朱　丹（黑龙江八一农垦大学）

前　　言

植物学是生物学类、种植业类各相关专业的重要基础课程。植物学内容丰富、概念多而抽象，不易理解，学习和备考均有相当的难度。

由于植物学课程的性质和特点，考虑到选课学生多为初入校门的一年级学生，对大学的教与学方法尚不适应，加之一年级公共课多、学习任务重，甚至有偏科和懈怠的意识，学生对植物学的学习效果不尽如人意。尤其是在学习中抓重点、攻难点和系统掌握课程内容上，学生常常感到茫然而不知所措。此外，学习植物学可供参考的资料不但较少，而且缺乏针对性。鉴于此，编者结合多年的教学经验和体会，以教育部推荐、广为使用的“十一五”“十二五”国家级本科规划教材《植物学》和《植物学实验与技术》为蓝本，梳理出植物个体发育中的形态、结构与功能，以及植物的基本类群特征与分类识别等的知识要点，突出其重点、难点，辅以思考与练习，编写了本书，旨在指导学生对所学内容进行系统化、条理化的归纳总结和消化吸收，并更好地掌握重点、攻克难点，进而激发学生的学习热情，培养学生的自学能力、分析归纳和综合能力，以提高教学质量和学习效果。

本书分为三篇。第一篇介绍了有效学习植物学的方法。在概述了植物学课程性质和内容特点的基础上，重点介绍了学习植物学的科学方法，以及学习中应注意的问题等，以帮助一年级新生掌握正确的学习方法，尽快适应大学学习生活。第二篇梳理了植物学教学内容的知识要点、难点，并设计了思考与练习及相应的参考答案，帮助学生掌握要点、攻克难点。通过做题，学生可以加强学习、内化知识和自我检测，了解自身的学习情况。第三篇是模拟试卷，共6套，适合各专业使用，以便让学生了解植物学期末考试的题型、题量、难易度及覆盖面，进一步明确课程学习的主要内容，减少学习的盲目性，缓解紧张的学习情绪。

本书中部分原题选自江苏农学院植物学试题库，为此做出贡献的有金银根、汪士莲、王兆龙、陆星焕等。

本书得到江苏省高校品牌专业（农学）建设工程一期项目（PPZY2015A060）的资助。扬州大学校长焦新安教授，扬州大学农学院刘巧泉教授、夏于琴等对本书的编写出版给予了大力支持，谨此深表谢意。同时也诚挚地感谢扬州大学和所有参加、关心、支持与帮助本书编写出版的其他所有高校和科学出版社的各有关同志。

由于编者水平有限，书中的不完善之处在所难免，恳请读者赐教，以便改进和提高。

编　者

2016年7月

目　　录

第一篇 学习植物学的科学方法

一、如何做课堂笔记

（一）课堂教学与课堂笔记

课堂教学是整个教学过程中最重要的一环。对于习惯中学课堂教学的大一学生来说，对植物学课堂最大的不适应是不善于做课堂笔记。到底该不该记笔记？如何做笔记？这是大一学生在适应大学课堂学习中必然会遇到的问题。

植物学教材内容相当丰富，但课时相对较少，且大多提倡研究性、反转式课堂教学。老师主要考虑学生学科知识学习的系统性、扎实的基础与能力的培养。教学中常常会对教材内容有所取舍，突出重点和难点。记笔记能使学生在老师的指导下，把握住知识的重点和难点，所以老师在课堂上所讲述的知识的纲目就是笔记的主要内容之一。老师常用简洁的文字或简单的图表，对复杂的教学内容加以概括。记下这些板书或 PPT 内容，能够浓缩知识、增强记忆的有效性。在笔记的引导下去阅读参考教材，会觉得植物学内容丰富、生动而不庞杂枯燥。因此，做课堂笔记是培养学习兴趣、提高学习效率的有效手段。

当今科学技术高度发展，新知识、新技术不断涌现，植物学的内容也在不断丰富和发展。大学课堂教学的特色是能及时反映学科的最新进展和成就。学生通过对学科发展前景的了解，有利于培养自己对新知识的兴趣与敏感性，对更新知识、开阔视野、选择发展方向十分有利。因此，学科的最新研究动态也是课堂笔记不可或缺的内容。

目前使用的植物学教材是面向多个专业、面向全国的。老师在处理教材时，往往会根据学生将要从事专业的需要和学校所在地区，增强教学内容的专业特点和地区特色。所以，老师在删掉一部分教材内容的同时，会增添或强化一些与学生所学专业关系密切的内容，在举例中会选择一些地区性较强的代表植物或植物学现象。例如，在讲授植物分类学这部分内容时，对农学、园艺等专业的学生，重点放在禾本科、葫芦科等内容上，草业专业则会强调禾本科、豆科等内容，林学专业则突出木本植物。老师在课堂上所做的这类补充也是课堂笔记的内容之一。

（二）做课堂笔记时应注意的问题

课堂笔记是被广泛采用的一种学习方法。笔记以十分简洁的文字，对讲课的主要内容进行了高度概括，为今后复习提供了一份纲要。复习时，首先阅读教材，再反复阅读笔记，既抓住了重点，又节省了时间。其次，在课堂上，当感到疲倦或思想开小差时记笔记能集中注意力，组织自己的思维。在笔记中应记下自己尚未明白的问题或需深入钻研的问题。因为老师讲授的知识密度大，课堂上又很少有与老师交流的机会，遇到问题或新想法，记在笔记本上，可留到课后向老师请教，或查阅资料。阅读参考书时可仿照老师的板书，对阅读材料进行提炼概括，抓住精髓。所以做笔记有利于自学能力的提高。

但是课堂笔记也常受到师生双方的抱怨。上课时，有些学生忙于埋头做笔记，不理会老师的设问、提问，对所记内容不求甚解。老师抱怨有些学生不是在受教育，只是在为考试及格而记或抄笔记、背笔记。学生的抱怨是，某些老师讲课时 PPT 内容太多，或老师板书写得飞快，刚把黑板填满就立刻擦掉，又重新开始板书，学生很难跟上，更谈不上有时间去思考。因此，老师应注意讲课的PPT或板书的质与量，注重引导学生在理解的基础上记忆与灵活运用所学知识能力的培养。另外，学生应端正学习态度，把做笔记当作学习的一种方法而不只是应试手段，要不断提高记笔记的能力。学生做笔记时应注意以下几个特点。

（1）大学课堂讲授内容多，板书也多。学生应练习快速记录，可多使用缩写、代号、省略语，并培养自己边听边写边思考的本领，要抓住老师板书的机会迅速做笔记。

（2）植物学的内容描述性较强，做笔记应主要记其纲要、补充内容和归纳、分析、结论。如果记录过多的细节，则无法掌握课堂的主要内容，没有思考的时间。

（3）老师讲授内容与教材基本相同时可以少记，如果差距较大则应多记一些。尤其要记老师对某些问题的新见解和思考方法，这些内容常常是教科书和参考书中没有的，这也是上大学较自学优越的原因之一。

（4）老师所讲内容较易接受时，可适当多记；如听课吃力，应少记或不记，把听懂放在第一位，笔记可课后补上。

（5）做笔记时可留下一些空白，用于补充参考书上的有关内容。

（6）有人认为照抄板书或PPT是缺乏独立思考，用自己的语言记笔记才能把知识真正学到手。但植物学内容的表达充满了专业术语，且有一定的叙述规范，不宜生造，尤其是对于经过反复锤炼过的定义，自己的表达难以准确，甚至可能出错。但这并不等于应机械地抄板书，可适当地对板书加以改变，或部分摘抄，也可在笔记本上做记号，加批注，还可提出与老师不同的见解。

（7）课前预习是减轻听课压力、提高做笔记效率的有效途径。植物学教材在文字上并不难懂，预习并不很费工夫。植物学讲授量大，学生课前对有关内容一无所知，面对老师提纲挈领、跳跃式的讲解，常常有被拖着跑的感觉，不知何时该详记，何时该略记，听讲与记录互相干扰。相反，若课前翻阅了教材，了解了本次课的章节、中心内容、重点、难点、疑点，进入课堂后，笔记的针对性强，听、看、想、写彼此配合，相得益彰。课前预习要注意两种倾向，即过于粗放和过于仔细。过粗，走马观花，流于形式，达不到良好的效果；过细则费时过多，课堂上过于轻松，反而会降低听课的积极性和注意力。

二、课后复习

课后复习是必不可少的学习环节。能否及时有效地复习，对学习成绩具有极大的影响。有些同学把复习工作推迟到临近考试时才匆忙进行，这对知识的理解和记忆都不利。其结果是要么花较长时间重新理解以前所学过的内容，要么不求甚解地死记，应付考试。这种学习方法是不可取的。

（一）复习的一般方法

课后复习是对课堂上所学内容进行整理、扩充、深入和记忆的过程，可采用以下方法进行。

（1）自我测验。复习时，先不要急于看书或看笔记，而是回忆一下课堂上所讲的主要内容。可一边回忆，一边记下纲要。然后再看笔记和教材，检查自己对所学内容的掌握程度，进而有针对性地钻研和记忆。

（2）阅读笔记和教材。先阅读笔记，找到本次课的重点、难点及自己的疑问，然后阅读教材，整理笔记。

（3）阅读参考书。阅读参考书，可解答听课和阅读笔记时所留下的疑问，也可扩大自己的知识面，提高自学能力，还可增加新鲜感，防止疲劳，是有效记忆的途径。阅读参考书时，可只读其中与疑问有关的内容，也可读与本次课讲授内容相一致的全部内容。读参考书务必记笔记，否则收效甚微。

（4）做习题。本书给学生提供了一定量的植物学习题。做这些习题相当于一次“开卷考试”，我们应认真对待做题时出现的错误，细心找出原因，改进自己的学习方法。错误往往给我们较强的刺激，正确利用这种刺激，便能加深理解和记忆。

（5）小结。复习的最后一步是小结。小结就是统筹全局，抓住重点，综合归纳。小结的文字要非常精炼，重点要突出，并着力反映各部分知识的联系。

复习时应对所学知识全面复习，但这并不意味着对所有的内容平均用力。有些学生书看了不少，很是勤奋，但所学知识仍很模糊，考试成绩也不理想。造成这种情况的原因之一就是抓不住重点，造成学习效率低。所以复习要有重点，哪些只需了解，哪些着重理解，哪些必须记忆，都要做到心中有数，区别对待。

复习不只是与遗忘做斗争，更是深刻地理解所学知识的过程。在复习概念时，可以反问自己：概念的内涵和外延是什么？表述概念的定义可否改变一种说法？任何知识从反面提出问题，可以加强正面的理解，同时又可避免错误，是一种很有用的方法。例如，可这样提问：“根如果没有根毛而有气孔，茎和叶表皮外没有角质层和气孔，将会有什么后果？”复习中要注意新知识和旧知识的联系，以旧带新，将新知识整合、同化于原有的认知结构中。比较新、旧知识之间的异同，从中发现问题，深入思考，以获得比较深入而全面的理解。例如，复习茎的初生构造时，可列表比较根、茎初生构造的异同及其不同的适应意义。

一次课后复习远不能达到记忆的目的，应采取循环记忆法，制订合理的复习计划。第一次课后复习之后，再复习同一内容的时间可逐渐减少，如复习两三次后，一次课的内容可用几分钟时间翻阅笔记或教材即可达到巩固知识的目的。各次复习之间的时间间隔可逐渐拉长。

（二）笔记的整理

整理笔记并不意味着将笔记重抄一遍，而是对笔记完善、消化吸收的过程，包括修改、补充、解惑和记忆等几方面的学习。

由于多种原因，比如老师讲述过快，板书不清，或自己离黑板较远，或一时注意力不集中，以及自己停住笔全神贯注听讲等，重要内容有遗漏或错误。通过阅读教材可使笔记完整，有时还可对照同学的笔记，修改和补充自己的笔记。在笔记的空白处，补充自己从参考书上获得的重要知识，这些知识或者是对重点内容更简要的概述，更准确、全面的描述，或者是对课堂知识的深化或扩充。

笔记上记录下的一些疑点和自己的不同见解，都应在整理笔记中被再度提出，并通过阅读教材、参考书，或请教老师及与同学交换意见来解答疑难，纠正或证实、发展自己的观点。

俗话说：“好记性不如烂笔头。”笔记的主要功能就是帮助记忆。整理笔记的过程也就是加强记忆的过程。在整理笔记时，有必要对本次课做一小结，小结重点突出，或为几行文字，或为表格，或为简图，一目了然，对加强记忆有很大帮助。

（三）阅读参考资料

老师在一门课程开始时，通常会向学生推荐一系列参考资料，在讲述某一章节甚至某一问题时，也可能提出某些参考资料的目录。课后阅读参考资料是大学生学习的一个重要方面。然而现行的教育模式使学生对通过自己的努力获得知识没有欲望和兴趣。有些学生因忙于听课、做实验或“上网”，无暇阅读参考书；有些学生认为考试不会超出笔记和教材，读参考书是在做无用功；还有的学生习惯于中学的学习方式，死啃教材和习题集，不重视其他参考书的阅读。凡此种种都是不可取的。每所大学的图书馆都拥有大量藏书，每个学生都可进入馆内查阅或借阅。现在大学生手机不离手，应该培养利用“互联网＋阅读”学习的好习惯。大学生不重视阅读，不充分利用现代媒体阅读学习，无疑是一种浪费。

阅读参考资料是解决学习中疑难问题的重要途径，当我们在学习中遇到不懂的问题时，教材不一定能给予回答，我们也不可能什么都请教老师，而且老师的回答有时就是向我们推荐一本参考书或阅读提示。参考资料常常有教材未包含的内容，或其描述比教材更详细、更直截了当、更通俗易懂，或与教材相同的内容在参考资料上以另一种形式出现，如教材上文字叙述的内容，在参考资料上表现成表格，更为直观。阅读参考资料，常常可使我们找到满意的答案。

大学生求知欲旺盛，具备较强的阅读能力，阅读参考资料是大学生充实自己的重要途径。学习植物学时，不应满足于读教材、听课和做实验，而应从参考书中吸取更丰富的植物学知识，去了解植物学知识如何推动人类历史发展，如何转变为相关学科发展的基石，现实生活中植物学知识怎样给我们带来巨大的社会效益、经济效益和生态效益，植物学在未来世界中将扮演何种角色。

由于遗忘的存在，不断复习是必不可少的。然而重复读笔记与教材，很快会感到单调乏味。我们可通过阅读参考资料，达到愉快复习的目的。参考资料上内容与教材相近，但其文字、所列举的例子、图表常常不同，观察事物的角度和思考问题的方式也可能不同，给人一种新鲜的感觉，所以阅读参考资料可提高学习的兴趣，避免疲劳，达到巩固知识和活跃思维的目的。

阅读参考资料有利于培养自己的自学能力，而自学能力是大学生应获得的最重要的能力之一。

三、怎样查找参考资料

迅速准确查找和搜集资料是大学生必须具备的基本功之一。在信息时代，不懂得查找、阅读信息资料并从中遴选出需要的信息是不行的。据调查，研究人员用于查找文献的时间几乎占全部研究过程的1/5。如果不阅读参考资料，便不知道如何查找资料，导致不仅难以胜任未来的工作，也无法满足两三年后做毕业论文的需要。

当今科学技术成就发表的渠道是多样化的，除了图书、报刊，还有科技报告、学术论文、会议资料、专利文献、视听资料等，其载体可以是纸质的，还可以是电子（互联网）形式的。就国内植物学文献而言，除各种植物学专业杂志外，还见于综合性的学报、相关专业的杂志及丰富多样的网络资源。借助于学校图书馆或互联网平台，可以方便快捷地查找所需的文献、资料。

四、研究性实验与实习

植物学实验教学是帮助学生理解和掌握植物学基础知识，培养学生从事植物学及其相关学科科学研究的基本素质、基本技能和基本方法必备的教学过程。传统的植物学实验教学主要是验证性的基础性实验教学，学生在规定的时间、空间内完成学习任务。这样的教学重在基本知识、基本技能训练和典型范例的教学，对学生进一步内化植物学课本知识、树立理论源于实践的哲学观发挥了重要作用。综合性实验是提高性实验，需要对相关知识综合理解和灵活运用，需要多种实验保障条件组合应用，同时对老师和学生的能力也有较高的要求。例如，“用徒手切片方法比较观察单、双子叶植物根、茎、叶形态与结构”和“比较观察不同生境（水生、旱生、阳生、阴生等）条件下植物的根或茎或叶的形态与结构差异”等综合性实验教学，组合应用了徒手切片技术、显微镜观察方法，综合了不同类型植物根、茎、叶的形态结构知识，能培养学生的实际操作能力和观察、比较、归纳知识的能力。但是，验证性和简单的综合性实验教学难以培养学生的综合思维和科学探究能力，难以从根本上激发学生的求知欲和培养学生的创新意识、创新能力和科学素养。研究型开放式实验是能力型实验，是对未知问题的探究型实验。研究型开放式实验对知识量的要求、对实验保障条件的要求、对老师和学生的要求都将更高、更严，其过程和结果也更有意义。

（一）实验

植物学学习分理论和实验、实习两大部分。实验课在植物学学习中占有很重要的地位。植物学是一门实践性很强的学科，其理论的形成和发展源于科学实验。植物学实验的教学目的有三方面：①理解和巩固所学知识；②培养科学研究的基本素质，包括基本技能、科学的思维和综合能力；③培养和提高学生科学思维、科学研究和获取新知识的能力。在某种意义上讲，第三个目的更为重要，它对一个大学生在今后的事业中能否成功具有关键性的意义，所以我们应当重视实验课。

上好实验课的前提条件之一是要预习。预习使我们对实验所验证的理论、实验步骤、注意事项等做到心中有数，做好必要的物质准备，实验操作起来就会井井有条，从容不迫。反之，待操作时再看实验指导，不仅使实验进行的速度减慢，边做边看还容易看错实验步骤。有时进行到某个步骤，因其所需时间很短，学生在阅读“实验指导”上关于下一个步骤的内容时，因时间已超过而前功尽弃。即使实验勉强做下来，也常常是知其然而不知其所以然，收获很小。可见，实验课前花少许时间预习是必不可少的。

实验操作是学生在老师的指导下主动、自觉地去获取知识。必须严格遵守实验室规则和操作规程。做到这一点，不仅是实验成功的保证，也有利于培养我们一丝不苟、踏踏实实的科学作风。植物学作为基础课，其实验多数是经典性的，实验室的规则和操作程序是从无数失败中总结出来的，违反这些规定，无疑是在重复失败过程。作为低年级的大学生，在打基础的阶段，应当严格按要求开展实验。当然，发挥创造性，重新设计实验也是值得肯定的。但这必须是在有一定的基础训练之后，而且应当在老师的指导下进行，以免发生事故。

实验失败有时并不是故意违反操作要求造成的，而是一时失误所致，如看错了实验步骤，拿错了实验材料，或没注意药品标签而误用了别的药剂等。所以，在实验中，每个同学都应全神贯注，细心谨慎，取材料或药品时要看清楚标签，用完后放回原处，每种实验用品都要有固定的位置，切勿乱放，要养成良好的习惯。

实验现象往往和书本知识不完全吻合。出现这种情况，部分原因是书本知识常常是对植物学现象的高度概括，是一种模式，而实验中出现的具体情况则不一定很典型，这就要求我们去粗取精，不能机械地照搬书本知识，轻易否定实验现象的真实性或怀疑书本理论的可靠性。在实验中不要凡事都问老师，应以独立思考为主。

探究性实验应在老师的指导下，第一，依据实验内容，明确所要探究的问题。学生在对每次实验内容充分预习与复习，掌握实验内容所涉及的基础知识，了解实验的材料、条件、步骤等的基础上，老师启发引导学生对实验内容、条件、要求和可能的结果进行不同层次的反思或设问：实验材料是否唯一性？改用其他材料或改变实验条件，结果有何不同？同种（或不同种）植物在同一（或不同）条件的影响下，其结果又将如何？等等。在老师的指导下，进而设计出一个个子课题供学生自主选择。学生则根据自身专业特点、教学要求、知识结构和志趣，选择、改进或增减开放式实验内容，使学生的个性、主观能动性得到张扬和发展。第二，围绕所要探究的问题，确定研究目标。学生自由组合，每组3～5人，根据所查阅的资料进一步分析归纳资料，提出小组想要研究的子课题，以及所需研究问题的路径、材料、药品、仪器设备和所需要的保障条件等。老师帮助各小组确定实验内容、方案和对结果进行预测，提示实验中可能出现的问题或变化，并让学生思考和准备好对策。第三，设计研究方案，撰写研究计划。根据实验室的条件和学生的能力，可采用大组协作、小组分工的形式，学生对研究中所需要的实验材料和实验保障条件等进行特定组合，提出研究方案。完整的研究方案应包括研究目的、研究重点与难点、研究方法与步骤、研究材料、药品、用品与用具，以及研究过程中的注意事项及应急预案等。老师应帮助学生明确研究的目的和意义、研究的重点和难点、研究的方法和步骤，以及共同准备应急预案等。第四，实施研究方案，开展研究活动。学生各小组按计划实施完成研究内容。可依据具体情况，安排一个小组进行相关内容的验证性实验，以便与探究性实验进行比照，其他各小组则分别选择不同材料或不同处理条件等进行探究性实验。根据实验设计，学生自主去逐一、逐步规范操作，观察记录整个实验的研究过程、结果和变化，及时对研究过程中出现的问题或现象进行分析处理，必要时作相应的修改与调整，直至最后完成全部探究性实验内容，并写出研究实验报告。在此过程中，老师是“教练”“陪练员”。第五，组织讨论交流，开拓思维能力。各小组根据自己的研究课题和研究结果，认真分析资料、现象，得出结论，提出自己的观点和体会，精心准备好探究性实验报告。实验报告的内容包括实验课题、实验目的和意义、材料用具、设计思路、设计方案、实验结论及感悟等。然后，按照不同的研究方向，分大组进行交流和讨论，形成新的一致意见和更高层次的结论后，再组织全班交流，并提出或明确进一步学习与研究或延伸性学习与研究的方向或课题，激发进一步研究性学习的兴趣和求知欲。老师在这一过程中，引导学生讨论、参与学生讨论，帮助学生明确怎样学、学会了什么、存在哪些不足和如何提高等，认真总结，提出指导性意见和建议，布置作业，巩固和消化所学知识，促进深入学习。

实验报告是对实验的总结，也往往是老师对学生实验课表现评分的依据。有的学生在实验课一开始就做实验报告，还有人抄袭别人的实验报告，这不仅是弄虚作假、学不到知识，更严重的是养成了一种违反科学的坏作风。

此外，同学们可利用课余时间开展一些实验，如练习徒手切片，观察植物各器官的外部形态和解剖结构，鉴定植物分类群，制作小型植物标本等。这些实验不受设备条件的限制，易于开展，既有利于培养学习植物学的兴趣，又有利于培养独立工作的能力。在户外活动如散步、郊游、野炊等，就可同时开展植物形态观察、植物的识别等活动，一举两得，其乐无穷。

（二）实习

实习是植物学实验教学的另外一种形式，是与大自然最直接的接触，在生物世界中观察和识别植物，采集和制作植物标本，学习野外工作方法，验证课堂教学所学知识，加深和巩固对学科内容的理解。整个实习包括出发前的准备、野外观察、调查、鉴定分析、资料整理、编写实习报告等，实习是十分值得珍惜的学习机会。

实习前，让学生学会制订实习计划，收集、查阅实习地区的有关资料（地质、地貌、气候、水文、土壤、生物及人类社会经济活动状况的历史和现状）和植物图片及工具书（如《高等植物图鉴》，实习地所属省、市的植物志等），准备实习工具如采集标本和压制标本所需的器具等。还应根据实习地点的气候情况、环境条件和生活条件，准备必要的防护用具和药品。实习中最重要的问题之一是人身安全。野外活动中要预防蛇、野兽的伤害，在险要地段工作更要小心谨慎。服从安排、严格遵守纪律是确保安全的前提。

每位同学要明确实习的目的，始终把实习活动放在中心位置，把好奇心集中于对植物世界的探索，不要沉醉于对奇异山水风光的欣赏之中，把实习变成了旅游。

实习是新奇的、激动人心的，又是艰苦的、考验人的，是磨炼意志品质、培养吃苦耐劳精神的大好机会。每位同学不仅要与疲劳做斗争，更要与贪图安逸的惰性做斗争。

植物学野外实习主要有植物形态组成观察、检索表的使用、植物物种分类鉴定、植物标本采集制作等传统内容。鉴定植物，老师只需指出植物所属科，学生采集标本或拍摄图像后，使用工具书和检索表，自行查阅鉴定。

压制标本，很费时间，较为枯燥，但它是实习的中心工作之一，人人都必须参加。必须防止对这项工作产生厌烦情绪和轻视态度。压制标本看似简单，但要压制出高质量的植物标本，既要一丝不苟，又要掌握许多技巧，压制标本是植物学学习的重要基本功之一。压制标本的过程是培养学生踏踏实实、认真负责的敬业精神的好机会，因为科学研究并不那么浪漫，也并非总是那么高雅。要想在科学研究上取得成功，往往必须长期踏踏实实、默默无闻地进行单调的重复，要耐得住寂寞。

植物界形形色色，丰富多彩，并非一目了然。如果我们在实习中不进行深入观察，认真思考，整天忙忙碌碌，热热闹闹，肯定无所收获。相反，只要仔细观察，勤于思考，把书本知识与实际联系起来，就会感到“处处留心皆学问”，激发出学习的热情，养成良好的习惯。腿勤：多走、多转；眼勤：多观察；手勤：多搜集、多记载、多采集；脑勤：多思考、多比较，善于发现问题；口勤：多请教、多探讨、多交流。实习没有专门的教材，只有细心观察，查阅工具书和向老师、同学请教，与之共同探讨，亲自动手操作，才能获得丰富的实践知识，才能不荒废这短暂而又十分宝贵的学习机会。

为充分调动学生在实习中的主观能动性，培养学生自主学习、自主实践、自主创新科研的能力，老师应设计出不同的研究性课题，或学生分小组在老师的指导下根据知识、兴趣自行拟题，开展研究性实习。研究性课题的设置要注重探究性、综合性、实践性、自主性和可行性，如实习地植物资源或物种多样性调查与分析、特有物种分布或群落结构调查、外来入侵植物分布调查与成因分析等。在实习过程中，根据实际情况实施或修改既定方案，进行观察、调查、分析、归纳、讨论、交流和总结，最后撰写研究性实习报告。一份高质量的实习报告的完成与实习过程的每一阶段的精细工作密切相关。

五、科学的记忆方法

植物学是一门描述性学科。学科性质决定了在植物学学习中，需要记忆大量的知识，尤其是作为一年级学生，在生物学基础很薄弱的情况下学习植物学，记忆在学习中的地位则更为突出。

记忆是人的智力活动中必不可少的能力，是智慧的仓库。有人说，人一切智慧的来源在于记忆。记忆是人的智慧金字塔的塔基。一个人事业的成功很大程度上取决于其渊博的学识，而渊博的学识又和较强的记忆能力相关。古今中外，记忆力的强弱因人而异，但这并不是一成不变的，记忆力和其他能力一样，也是可以提高的。

记忆总使人联想到死记硬背，想到那令人精疲力竭的背诵的情景。其实记忆并不等于死记硬背。记忆可分为“死记”与“活记”。“死记”是一种简单重复的方法，是懒惰的表现，是对智力的消磨。“活记”就是遵守记忆的客观规律，掌握科学的记忆方法，养成良好的记忆习惯，培养较强的记忆能力，并恰当地运用到学习过程中去，以获得良好的学习效果。学会“活记”，不但对目前的学习十分有用，而且会受益终身。

（一）区别记忆法

植物学中存在大量需要辨别的现象，在学习过程中它们常互相干扰，给学习带来很大困难。植物学中不同事物的不同点和共同点，相同事物之间的细微差别都常作为考试的一个重要方面出现在判断题、选择题和问答题中。最近的心理学研究结果表明，遗忘并不是“空白”，而是一种不正确的答案，即一种知识代替了另一种知识。人在回忆过程中常常会不加区别地使用认为在某种程度上是相似的、同义的概念、词语和知识，造成回忆的错误。所以在植物学学习中，记忆知识最大的障碍就是紊乱。通过把同类的事物分成一组一组来学习，即采用区别记忆法，是解决这类问题的有效途径。

区别记忆法是按照事物的形式相同而本质不同，或本质相同而形式不同，掌握其共同点和差异点进行记忆。例如，形态解剖学中的纹孔、气孔、筛孔、皮孔、水孔、穿孔等名词都称为“孔”，均为物质出入的通道，与植物体的各部分之间或植物体与外界之间物质交换有关，并且各名称之间仅一字之差，容易引起混乱，把这些名词汇集于一处，比较它们的区别，易于记住。即使这些概念容易区别，将它们的结构与功能放在一起来记忆，比分别记忆效果要好得多，细胞内的细胞器各有不同的结构、功能，列表进行比较，比如是膜性结构（双膜或单层膜结构）还是非膜性结构？其功能如何？这样比较，将它们的共同点、不同点清楚地显示出来，不仅避免了混淆，又比分别记忆各个细胞器的效率高。植物学中可利用区别记忆法进行记忆的知识还有很多，比如根和茎的初生结构，茎初生结构和次生结构；裸子植物、双子叶植物、单子叶植物的根、茎初生构造；适应不同生态条件的叶的形态结构；同功器官之间的区别；等等。

（二）简化记忆法

植物学教材容量大，对许多形态结构的描述占大量篇幅，阅读起来很费事，记忆则更为困难。如果将这些复杂的内容用简明扼要的形式（概念图记忆法、比较记忆法或歌诀法等）表达出来，则会使记忆过程变得较为轻松，记忆的效率将大大提高。

1．概念图记忆法

上植物学课时，老师的板书常是一些文字表格或概念图（简要的文字表加上各种符号），其包含的内容虽然丰富，但一目了然，易懂易记。例如，表解法讲授植物体的发育动态与结构建成方面的知识，如胚珠和蓼型胚囊的发育过程可概括为图 1-1。

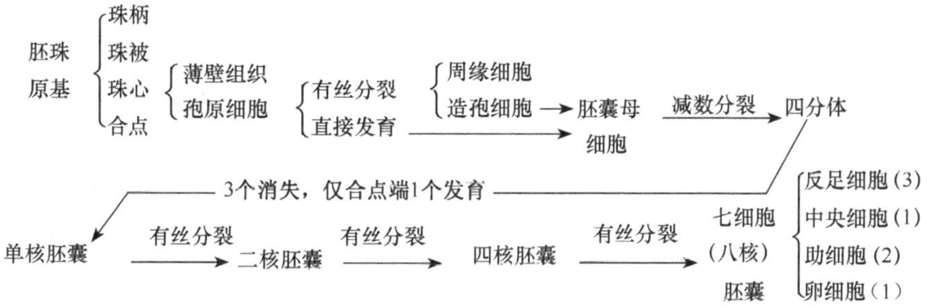

图 1-1　胚珠和蓼型胚囊的发育过程

这 100 多个字即把需 5000 多个字才能叙述清楚的内容概括出来了。在听懂了老师的讲课和阅读了教材之后，对这一概括的理解已不成问题，这时把主要精力放在对它的记忆上，则较为容易掌握胚珠和胚囊的发育过程这一重点内容。

2．比较记忆法

比较记忆法有利于理清易混淆的概念或理论，促进知识的掌握和内化。在植物学学习中，有很多内容可以运用比较记忆法进行学习，如厚角组织与厚壁组织，根尖与茎尖，单、双子叶植物根初生结构的比较，以及双子叶植物根、茎初生结构的比较（表 1-1），单、双子叶植物茎初生结构的比较，背腹型叶与等面叶结构的比较，旱生叶与水生叶结构的比较，花粉母细胞形成成熟花粉粒的过程与胚囊母细胞形成成熟胚囊的过程的比较，单核胚囊形成成熟胚囊三种方式的比较，花药幼期结构与成熟期结构的比较，单子叶植物与双子叶植物胚的发育方式的比较，三种胚乳形成方式的比较，不同无融合生殖类型的比较等。

表 1-1　双子叶植物根、茎初生结构的比较

比较内容	双子叶植物根的初生结构	双子叶植物茎的初生结构
表皮	有根毛，细胞不角质化，无气孔	有表皮毛和腺毛，细胞角质化，有气孔
皮层	占据较大体积，内皮层细胞壁常有增厚	占据体积较小，外皮层为厚角组织，含叶绿体，内皮层不明显，无特殊增厚结构
中柱	有中柱鞘	无明显中柱鞘结构
	木质部与韧皮部相间排列（辐射维管束），初生木质部发育成熟的方式为外始式，多数植物不具有髓	木质部与韧皮部内外并生（外韧型维管束），初生木质部发育成熟的方式为内始式，具有髓和髓射线

3. 歌诀法

简化记忆的形式多种多样，歌诀法也是学习植物学常用的方法。歌诀法用最节省的文字把要记忆的内容表达出来，而且韵律感强，朗朗上口，容易引起学习者的兴趣，是一种很好的记忆方法。被子植物各科的主要特征是记忆的重点，将其整理成歌诀可帮助记忆。

木兰科：单叶互生木质枝，托叶早落环痕迹；两性整齐三基数，雌雄离多蓇葖果。

杨柳科：落叶木本叶互生，雌雄异株花单性；柔荑花序花无被，种无胚乳蒴果型。

葡萄科：攀缘藤本茎卷须，花序与叶齐对生；子房二室雄对瓣，中轴胎座浆果型。

唇形科：草本芳香茎四棱，花冠筒内毛环生；唇形花冠二强雄，四小坚果特殊型。

运用简化记忆法时，要学会抓住要领，掌握重点。

（三）直观记忆法

植物学的知识主要来自对植物形态、结构、发育过程的观察，所以植物学的一个最显著的特点是绝大多数内容直观性强。充分认识和利用这一特点是学好植物学的一个关键。

感官对于记忆具有很强的影响力。用手触摸过、用舌头舔过、用眼睛观察过的事物，记忆起来远比单纯阅读文字、听讲解的记忆效果好，因为前者把直观记忆（形象记忆）、运动记忆与语言记忆综合了起来。

在植物学教材中有大量插图，如根（茎）尖结构分区简图、根（茎）的初生结构简图（图 1-2，图 1-3）、根（茎）的次生结构简图、花的组成简图、幼期及成熟期花药结构简图、子房与胚珠结构简图、成熟胚囊结构简图及种子和果实的结构简图等。在课堂上，老师的讲课课件也能见到不少图片和录像资料等。植物形态结构的图像信息若用文字表述出来，要花大量的篇幅，而实物或结构图片则一目了然。在记忆了大量文字信息的情况下，继续接受文字信息，会产生干扰；而记忆图片（特别是结构简图）、实物则可避免文字的干扰，使大脑左半球休息，充分挖掘大脑右半球形象记忆的潜力。例如，木本茎次生构造的简图把教材上约 5000 字的内容形象直观地概括出来，一目了然。记住这幅简图并不很费劲，而要记住即使高度概括的文字却会困难许多。

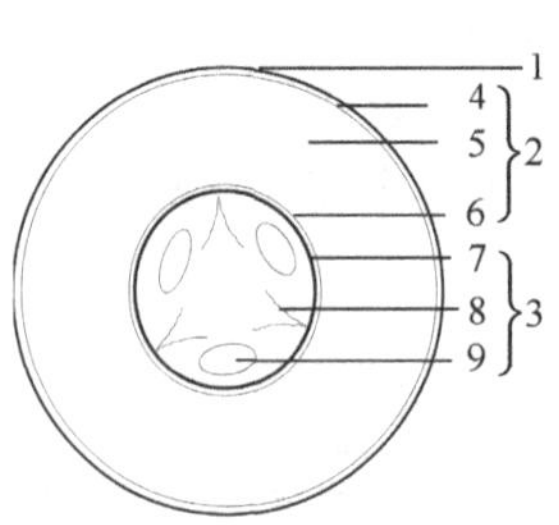

图 1-2　双子叶植物根的初生结构简图

1. 表皮；2. 皮层；3. 中柱；4. 外皮层；5. 中皮层；6. 内皮层；7. 中柱鞘；8. 初生木质部；9. 初生韧皮部

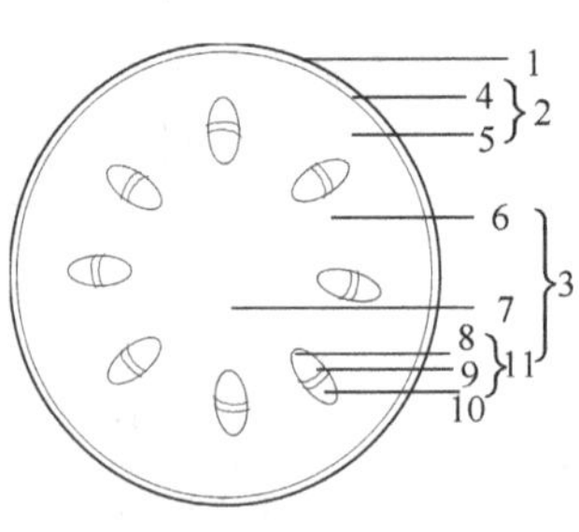

图 1-3　双子叶植物茎的初生结构简图

1. 表皮；2. 皮层；3. 中柱；4. 厚角组织；5. 皮层薄壁组织；6. 髓射线；7. 髓；8. 初生木质部；9. 束内形成层；10. 初生韧皮部；11. 维管束

植物学许多内容具体、直观。观察植物外部形态和内部解剖构造，分类群代表种特征，不仅培养了观察能力，也是学习记忆植物学知识的有效途径。与其在教室内望着天花板默记“单叶与复叶的区别”和“花的结构”，倒不如走出门去比较一下槐树叶（复叶）与杨树叶（单叶）的区别，走近桃树仔细观察一下瑰丽的花朵。为了排除反复背诵各科特征时的烦恼，不妨亲手制作一些各科代表种植物的小型标本。形象记忆和运动记忆相结合，再加上观察过程中所阅读过的、听过的语言文字在大脑中的再现，使知识较牢固地留在记忆中。

（四）联系实际法

植物是高度适应环境、进化形成的，确立结构与功能的统一性、结构功能与环境相适应性的辩证思想，对学好植物学具有重要的意义。例如，学习输导组织的两种类型，水生植物与陆生植物的根、茎、叶形态结构的特征等时，都应该将植物组织或植物体的形态、结构及其功能间的对应关系联系起来，逐一理清，对学习、理解、记忆和掌握相关知识很有帮助。

联系实际学习时，还应学会将抽象的概念与具体的物像联系起来，即将知识点文字的描述转化为对应的形态结构图像，通过联想或勾连、转化学习，理解和记忆植物学的知识点，并可避免概念间的混淆。例如，看到茎的合轴分枝方式就在头脑中呈现出葡萄等植物枝条的形态特征，见到直根系与须根系的概念，就该马上显现黄麻等植物的直根系和小麦等植物的须根系图形，只要能准确地描述其特征，就能理解和掌握相关概念。

（五）重视头尾记忆法

美国心理学家何蒲兰德博士曾做过这样的实验，他把 12 个单词排成一行，让别人来记忆。实验结果表明，几乎没有人会记错第一个词和第二个词，从第三个词开始，错误渐多，第七、八个词错误最高，往后，错误逐渐减少，第十二个词的正确率和第二个词一样高。类似的现象是普遍存在的。心理学家对这类现象的解释是，在记忆过程中，存在着识记材料的相互影响和抑制的现象，先识记的材料对后识记的材料的识记和回忆有干扰，这种干扰作用称前摄抑制；反之，后识记的材料对先识记的材料的识记和回忆也有干扰，这种干扰称倒摄抑制。懂得了这一规律，我们在植物学学习中就应尽量减少前摄抑制和倒摄抑制对记忆的影响。

要充分利用早晚这两段“黄金时间”。早晨醒来后抓紧时间学习，记忆效果好。因为经一夜休息的大脑是空空的，没有前摄抑制的影响；临睡前把笔记读一遍或闭目回忆一遍当天所学的内容，效果不错。因为这种情况下，不再受新学习材料的干扰，即没有倒摄抑制的影响。头天晚上临睡前记忆的材料，第二天早晨醒来便复习一遍，效果会更好些。

化整为零，增加头尾，也是避免前摄抑制和倒摄抑制的好方法。一次连续记忆大量知识会导致知识相互“打架”，彼此干扰。若将记忆的大量材料，分成小段记忆，记忆一部分，巩固一部分，则每段都有开头与结尾。在长时间学习中，中间要休息，或记忆与非记忆交错进行，这样也增加了记忆活动的开头和结尾的次数。记忆的头或尾中，无前摄抑制或倒摄抑制，记忆效果好。

把难度较大的材料放在学习的开头与结尾，也是避开倒摄抑制或前摄抑制、改进记忆效果的良策。

（六）循环记忆法

许多大学生在入学之初所遇到的一个新问题是如何为自己的学习制订计划。大学的植物学学习与中学不一样，既没有单元测验，一般也没有期中考试，平时课外作业也很有限，所以一些同学有懈怠的趋势，所学知识得不到及时和有效的复习，常常靠考前突击来应付考试。这是不可取的。

循环记忆法依据的是艾宾浩斯遗忘曲线理论。该理论认为新近记住的东西遗忘较快，而历时久的东西遗忘较慢；记忆到复习的间隔时间越长，所需重新记忆的时间就越多。根据这一规律，人们提出一种针对性的记忆方法，即循环记忆法。

循环记忆法就是合理安排各次复习之间的时间间隔，以取得较好的记忆效果。循环记忆法的具体做法包括如下两点。

（1）及时复习新学的知识。因为新知识注入大脑后，会在短时间内较快遗忘，所以当天的笔记必须当天整理，当天所讲教材尽可能当天阅读。

（2）合理安排复习时间。学过的内容全部积压到考前复习，在时间上是不合算的。我们常见一些学生平时不复习，考前开夜车、搞突击，感到以前所学知识已变得模糊、陌生了，费很大劲才能重新捡起来，这就等于以前的学习在很大程度上是白费了。所以在时间、精力上是一种很大的浪费。其结果就是总复习变成了重新学习，或不求甚解地死记硬背。这种复习除了勉强应付考试外，与学习的真正目的——得到真才实学无多大关系。正确的学习方法是学后及时复习。随着遗忘逐渐变慢，复习的时间逐渐拉长，不断循环地复习，直到完全记住为止。例如，每周做一次小结，重视每节、每章和期中复习。

（七）记忆活动中应注意的一些问题

无论采用何种记忆方法，都应做到如下 5 点。

（1）在理解的基础上进行。知其然，不知所以然，死记硬背，必然事倍功半。而对知识的理解是通向记忆的坚实途径。

（2）注意力集中。注意力对记忆的重要性是显而易见的。对很多事物我们熟视无睹，是指在记忆力不集中的情况下，所见所闻未被记住。一个学生学习专心与否，即他是否全神贯注地学习，对他记忆的效果有很大的影响。为了集中注意力，达到良好的记忆效果，我们一方面要培养自制力，专心阅读，细心实验，不受干扰；另一方面，我们应尽可能选择安静、整洁的环境，避免注意力的分散。

（3）讲究记忆的生理卫生。适当的营养，劳逸结合，实行合理的作息制度，都有利于提高记忆力。保持稳定而愉快的情绪，能使我们对事物的印象深刻，增强记忆的效果。如果我们对某个问题感到枯燥无味，可以通过联想，甚至赋予它“荒诞可笑”的内容，增强我们记忆的兴趣。

（4）本书介绍的各种记忆方法都经过无数次的检验，证明是行之有效的，而且经过心理学家研究，有理论依据。我们在练习各种记忆法时，不要轻易怀疑其科学性，也不要怀疑某种方法是否适合自己，或是怀疑自己的脑子不好使。只要我们不断实践，持之以恒，就可以掌握这些记忆方法。当然，我们也应根据自己记忆的特点，克服弱点，发挥优势，形成一套自己的记忆方法。

（5）确立进化论思想。学习植物学，首先应该运用辩证唯物主义的观点，充分认识到植物有机体的局部与整体间，细胞、组织、器官与个体间，形态结构与生理功能间，个体与群体间，以及植物与环境间相互联系、相互制约的关系。必须确立联系的、动态的发展观，正确认识植物的个体发育是一个连续的序列过程，其形态结构的建成、生理功能的表现与环境三者间是相对稳定的、连续的、变化的和统一的。植物种类繁多、类群复杂，它们是在自然界中经过长期演化而来的。学习植物学还应树立“由低级到高级、由简单到复杂、由水生到陆生、由少数到多数”的系统进化观，才能更好地理解植物的多样性、稳定性、变异性、再生性和重要性。

植物学是在实验实践中形成和发展起来的一门科学，在学习植物学过程中，要善于运用观察、比较和实践的研究方法，重视理论联系实际，加强实验观察和技能的训练，以增加感性知识、加深理解学习内容。同时，还应强化自主学习、自觉学习、合作学习和探究学习的意识，发挥主观能动性，学会学习，培养实事求是的科学态度。通过植物学的学习和训练，为其他相关课程和后续专业课程的学习打下坚实的基础，提高自己认识自然和与自然和谐共处的意识和能力。

六、总复习

总复习是考前集中一段时间，对整门课程进行全面系统的总结，使对知识的理解与记忆达到更高的层次，总复习也是学生为参加考试而积累力量的重要阶段。总复习能否达到最佳效果，除了平时学习所打下的基础是否扎实外，还在于复习时有无科学的态度与方法。

总复习不同于课后复习，注意知识的系统性是至关重要的。总复习是把平时所学的零星知识，整理为有机联系的知识系统，编织成知识网，使之融会贯通。复习时要重视章、节的目录，这样有助于掌握知识的基本线索、基本轮廓和主要内容，有利于知识的综合、概括、归纳和系统掌握。复习时不能只是从头至尾地读书、看笔记，还要多进行一些分类组合，找出各部分知识的异同点和内在联系，以加深理解和记忆，也有助于回答考试中的综合题。例如，在复习植物形态解剖内容时，可比较根、茎、叶初生构造的异同点、功能上的异同点及联系；将各器官的复习与各组织的复习结合起来；将雌蕊的结构与果实、种子的结构联系起来。复习种子植物分类内容时，将分类的主要特征与其系统演化地位联系起来；从花冠、雄蕊、雌蕊和果实等方面分别比较各重要经济大科；列表比较相近的分类群，如禾本科与莎草科、蔷薇科的 4 个亚科、豆目的 3 个科、菊科的 2 个亚科等。

在全面系统复习的基础上，要注意抓重点，不能主次不分。每一章节要抓住重点内容，如基本概念、基本理论、重难点，整门课程要在重点章节上多下功夫。例如，“开花、传粉与受精”一节，要着重理解与记忆双受精的概念与意义、无融合生殖的概念、植物对异花传粉的适应方式，以及风媒花与虫媒花的一般区别特征。在种子植物分类中，要抓住进化上（各纲中最原始或最进化）、经济上最重要的科。

复习中理解与记忆是不可分割的，但两者毕竟各有侧重。复习中要注意区分哪些知识应着重于理解，哪些是在理解的基础上重点记忆。例如，在分类学中，科内各属的特征、属内代表种的特征只需了解，而进化上、经济上的重要科，其特征则是重点记忆的内容。

植物学的总复习中，记忆量比较大，长时间进行单调的重复，容易厌倦。学生应根据自己的情况，把书本所推荐的方法运用到复习中去，并注意把集中记忆与分散记忆、语词记忆与形象记忆、记忆与非记忆交错安排，结合进行，以达到最佳的记忆效果。

总复习接近尾声时，可做一下本书的模拟试卷。通过做这些模拟试卷，可熟悉题型，了解考试的难度，打破对考试的神秘感，消除恐惧心理，有利于减轻心理压力。做模拟试卷，还会发现自己复习中的问题，从而及时弥补。但在复习的初期不宜做模拟试卷，因为这容易把它当作应考指南，影响对本课程全面深入的复习。

总复习最直接的目的是应对考试，而最终目的则是为了学好植物学，打下坚实的专业基础。在总复习中要防止两种倾向：一种倾向是在考前热衷于探“情报”、猜题、押题，要求老师划范围，划重点，对于估计不考的内容不复习。这是一种很不好的学习态度，是对自己极不负责任的表现。这样做，即使有幸得了高分，满足了一时的虚荣心，但却为自己今后的发展埋下了祸根，是很可悲的。另一种倾向是有的同学只满足于考试及格，复习自然不认真。这些同学应明确植物学作为专业基础课和主干课的重要性，认识到复习、考试作为学习的重要环节对于学习植物学的意义，端正学习态度。只要你养成了良好的学习习惯和学习能力，你就已经走在了成功的路上。

第二篇　植物学知识要点与练习

绪　　论

了解植物的概念、植物的多样性和研究植物的重要性，了解植物学的发展历史和发展趋势，明确学习植物学的目的与要求，掌握学习植物学的方法。

植物的多样性主要表现在植物种类的多样性、植物遗传的多样性、植物生态系统的多样性和植物景观的多样性几个方面。

第一章　植物细胞

一、知识要点提示

（一）知识要点概述

1．细胞学说

1838年，德国植物学家施莱登和施旺认为：动植物组织都由细胞构成；所有细胞均由细胞分裂或融合而来；卵子和精子都是细胞；一个细胞可以分裂形成组织。细胞的形状多种多样。

2．真核植物细胞的基本结构与功能

1）原生质体　由**原生质分化**而成的结构，可分为**细胞膜**、**细胞质**和**细胞核**。

（1）**细胞膜**：又称**质膜**，是位于原生质体外围、紧贴细胞壁的膜结构。其主要由磷脂和蛋白质构成流动镶嵌模型。功能：控制胞内外物质交换；稳定胞内环境；接收和传递胞间信息等。

（2）**细胞质**：质膜以内、细胞核以外的原生质。其可进一步分为**胞基质**和**细胞器**。**胞基质**是细胞质内除去细胞器和后含物以外的呈均质、半透明、胶网状的动态物质，其体积约占细胞质的一半。功能：参与细胞的物质代谢；维持细胞内环境的稳定性。**细胞器**是细胞质内具有特定形态、结构与功能的亚细胞结构。细胞器包括双层膜、单层膜、无膜结构三大类。

① **质体**：真核植物细胞特有的、光能转化为化学能的场所。按发育程度、所含色素与功能分为前质体、白色体、叶绿体、有色体4种类型。**前质体**是主要存在于幼龄细胞中，一般呈无色的圆球体。当细胞生长分化时，可转变为其他类型的质体。**白色体**不含可见色素，它包括造粉体（合成、积累淀粉）、造油体（合成、积累脂肪）和造蛋白体（合成、积累蛋白质）三类。**叶绿体**主要存在于叶肉细胞，含叶绿素和少量类胡萝卜素，进行光合作用，制造有机物。叶绿体超微结构包括被膜（内膜、外膜）、基质（含蛋白质、暗反应酶类等）、类囊体系统（基粒＋基质片层）。有色体含类胡萝卜素，呈现红色、黄色之间的种种颜色，吸引昆虫传粉和果实的传播等。

② **线粒体**：有氧呼吸、化学能转化为生物能的场所。其结构包括被膜（外膜＋内膜，

内膜向内突出形成嵴，嵴表面有 ATP 转化酶）和基质（呈液态，含有 DNA、蛋白质、脂类、核糖体等）。

③ **内质网**：由单层膜围成的互相沟通的网状管道系统，其分支与核膜或相邻细胞的内质网相连。其与蛋白质、脂类、多糖、激素等的合成、运输有关。内质网分为糙面内质网和光面内质网两类。

④ **高尔基体**：由多个至几十个扁圆形的囊泡相叠而成，具有形成面和成熟（分泌）面之分。其具合成多糖、参加细胞壁的形成、运输蛋白质和脂类等功能。

⑤ **核糖体**：又称核蛋白体，是由 RNA 和蛋白质组成的、两个大小不等的半球状亚单位共同形成的球形颗粒。其功能是合成蛋白质。

⑥ **液泡**：是植物细胞内含有细胞液的腔囊。其结构包括液泡膜（选择透性强）和细胞液（含多种有机物和无机物的水溶液）。其具有贮藏物质、调节 pH、分解消化和调节渗透压的作用。

⑦ **溶酶体**：由单层膜构成，内含多种水解酶的泡状结构。

⑧ **圆球体**：由单层膜围成的含水解酶和脂肪酶的泡状结构。其作用是合成和积累脂肪。

⑨ **微体**：由单层膜围成的球状或哑铃状的颗粒。微体包括过氧化物酶体（含过氧化氢酶，进行光呼吸）和乙醛酸循环体（含乙醇酸氧化酶，分解脂肪为糖）。

⑩ **细胞骨架**：蛋白质纤维网架系统，包括微丝、微管和中间纤维。与胞基质的运动、胞内能量转换和细胞壁的发育分化有关。

（3）**细胞核**：活细胞多具细胞核。其结构包括核被膜（具选择透性的双层膜，由核孔控制细胞核内与细胞质间的物质交换）、核仁（折光率大，含 RNA、蛋白质等，是 rRNA 合成、加工和装配核糖体亚单位的重要场所）和核质。核质包括染色质与核基质，前者由 DNA 和组蛋白等组成，细胞分裂时卷缩成染色体，易被碱性染料着色。后者主要是以非组蛋白为主的网络状结构，是核内结构的支架。间期细胞核的主要功能：贮存和复制遗传物质 DNA，合成和向细胞质运转 RNA。

2）*细胞壁*　植物细胞所特有的，包围在原生质体的外围，是由原生质体生命活动过程中向外分泌的多种物质复合而成的结构。其功能是保护原生质体，维持细胞的形状和功能。

（1）细胞壁的结构分层与功能见表 2-1。

表 2-1　细胞壁的结构分层与功能

分层	形成时间	主要成分	特性与功能
胞间层	细胞分裂，产生新细胞时形成的	果胶质	胶黏而柔软，粘连相邻的细胞，缓冲细胞间的挤压
初生壁	细胞生长、体积增大时形成的，位于胞间层两侧	纤维素、半纤维素和果胶质等	较薄、有弹性，有利于水溶液通过，随细胞生长而延伸
次生壁	细胞体积停止增大后，在初生壁内侧形成的壁层	纤维素、木质素和角质素等	较厚、较坚硬，加强支持和保护

生活细胞，一般只有胞间层和初生壁，而无次生壁。

（2）**纹孔、胞间连丝**。**初生纹孔场**：初生壁上的一些凹陷区域。**纹孔**：次生壁上未增厚的孔道。**具缘纹孔**的结构包括纹孔膜（纹孔对中间的胞间层和初生壁）、纹孔口（纹孔开向细胞内的口）和纹孔腔（纹孔膜与纹孔口之间的腔）。胞间连丝是连接相邻两个细胞间的细胞质细丝。纹孔和胞间连丝是细胞之间物质运输和信号转导的通道。胞间连丝和胞间层将多细胞植物体连成统一的整体。

与真核植物细胞相比，原核植物细胞没有膜包被的细胞器（如质体、线粒体等）和核膜结构。

3. 后含物

后含物包括**贮藏物质**、**代谢废物**和**次生物质**等。

1）*贮藏物质* 包括淀粉、蛋白质、油和脂肪。**淀粉**：由造粉体合成和积累，贮藏淀粉呈颗粒状，称为造粉粒。淀粉粒有单粒、复粒和半复粒三种类型。淀粉遇碘呈蓝紫色。**蛋白质**：贮藏蛋白质无活性，常由造蛋白体合成和积累，呈不定形的颗粒状——**糊粉粒**。蛋白质遇碘呈黄色。**油和脂肪**：由造油体合成，常呈油滴状存在于油料作物种子或果实中，遇苏丹Ⅲ或苏丹Ⅵ呈橙红色。

2）*代谢废物* 常以草酸钙晶体、硅质小体（含二氧化硅）等状态存在。

3）*次生物质* 包括酚类化合物、类黄酮、生物碱等。

4. 植物细胞的分裂

植物细胞的分裂是细胞繁殖的方式，是形成新细胞或新植物体的基础。

1）*细胞周期* 持续分裂的细胞，从结束一次分裂开始，到下一次分裂完成为止所经历的过程。其包括细胞的间期（细胞连续两次分裂之间的时期）和分裂期（细胞分裂产生新的子细胞的时期）。

2）*细胞分裂的方式与特点*

（1）**有丝分裂**：最普遍而常见的细胞分裂方式，分为前期、中期、后期和末期。**前期**：染色质形成染色体，核仁、核膜消失，开始形成纺锤体。**中期**：纺锤体完全形成，纺锤丝牵引染色体的着丝点使其排列在细胞的赤道面上。这时是观察染色体形态和数目的最好时期。**后期**：各条染色体的着丝点分裂，两条染色单体分开，产生两条子染色体，在纺锤丝牵引下分别移向细胞的两极，这时两极的染色体数目相等（均为 $2n$）。**末期**：子染色体解螺旋成染色质，核膜、核仁重新出现，形成两个子核。同时，纺锤丝在细胞中央区域集聚构成成膜体并形成细胞板，由此发育成胞间层，完成细胞质的分裂，从而产生两个子细胞。

（2）**无丝分裂**：是不出现染色体和纺锤体的分裂形式，耗能少，分裂速度快，遗传不稳定。

（3）**减数分裂**：是与生殖细胞或配子形成有关的一种特殊的有丝分裂方式。细胞连续分裂两次，但染色体只复制一次。同一母细胞分裂成的 4 个子细胞的染色体数目只有母细胞的一半。减数分裂过程复杂，耗能多，历时长，是新的遗传变异产生的基础。

其他应掌握的名词概念：**细胞的全能性**、**细胞程序性死亡**等。

（二）植物细胞结构图解

植物细胞结构见图 2-1。

- 植物细胞
  - 原生质体
    - 细胞膜
    - 细胞核
    - 细胞质
      - 胞基质
      - 细胞器
        - 双层膜细胞器
          - （细胞核）
          - 线粒体
          - 质体
            - 前质体
            - 白色体
            - 叶绿体
            - 有色体
        - 单层膜细胞器
          - （胞间连丝）
          - 溶酶体
          - 微体
            - 过氧化物酶体
            - 乙醛酸循环体
          - 液泡
          - 圆球体
          - 内质网
            - 光面内质网
            - 糙面内质网
          - 高尔基体与高尔基体小泡
        - 无膜细胞器
          - 核糖体
          - 微丝
          - 微管
          - 中间纤维
  - 细胞壁
    - 胞间层
    - 初生壁
    - 次生壁
    - 纹孔
    - 胞间连丝

图 2-1　植物细胞结构图解

二、思考与练习

（一）填空题

1．细胞学说是由德国植物学家 ________ 和动物学家 ________ 提出的，该学说的具体内容是 ________，________，________，________。

2．细胞不仅是生物体 ________ 的基本单位，也是生物体 ________ 的基本单位。

3．真核植物细胞的结构一般可分为 ________ 和 ________ 两大部分，后者由 ________、________ 和 ________ 三部分组成，________ 是细胞生长发育和遗传控制的中心。

4．组成原生质的有机物包括 ________、________、________ 和 ________，还有极微量的生理活跃物质，如 ________、________ 和 ________ 等。

5．真核植物细胞中具有双层膜的细胞器有 ________、________；具有单层膜的细胞器有 ________、________、________、________ 等；无膜的细胞器有 ________、________。在多种植物细胞器中称为呼吸中心的是 ________，称为光合中心的是 ________，称为蛋白质合成中心的是 ________，将细胞质分隔成若干区室的细胞器是 ________，参与细胞壁形成的细胞器是 ________。

6．在光学显微镜下常可观察到的植物细胞器有 ________ 和 ________ 等。在电子显微镜下才能观察到的细胞器有 ________、________、________ 和 ________ 等。

7．在透射电子显微镜下，叶绿体结构复杂，可分为 ________、________ 和 ________ 三部分。其中呈颗粒状的结构是有许多圆盘状的 ________ 垛叠构成的，光合作用的 ________ 在此进行。

8．在植物细胞器中，具有细胞支架作用的是 ________ 系统，包括 ________、________ 和 ________。

9．质体是绿色真核植物所特有的细胞器，根据发育程度、所含色素和功能的不同可分为 ________、________、________ 和 ________ 4 种。

10．萝卜暴露在地面以上的部分由白色变为绿色，是因为________。

11．糙面内质网是指其膜的外表面附着有________，另外还有一种类型的内质网是________。

12．植物细胞壁有分层结构现象，两相邻细胞共有的一层为________，细胞生长体积增大时产生的为________，而部分细胞体积停止增大后产生的为________。

13．与动物细胞相比，植物细胞特有的结构有________、________和________。

14．植物细胞中的后含物是________、________和________的总称。其中常见的贮藏能量的物质有________、________和________三类，这些物质可分别根据与________和________等试剂反应后所表现出的颜色来鉴别。

15．植物细胞结构中使植物细胞间连成整体的结构是________和________。

16．松科植物的纹孔类型是________。

17．一个完整的细胞周期包括________和________两部分，前者分为________、________和________3个时期，后者分为________、________、________和________4个时期。

18．植物细胞分裂的方式有________、________、________和________，其中最普遍而常见的分裂方式是________，不出现染色体和纺锤体的分裂方式是________。

19．植物组织培养技术的理论基础是________。

20．细胞的生长是指________和________增加的过程，细胞分化是指________、________和________发生改变的过程。各种组织的形成是细胞________的结果。

21．细胞死亡有________和________两种形式。其中，属于正常的生理性死亡的是________。

（二）单项选择题

1．（　　）年英国人虎克发现并命名了细胞。

A．1665　　B．1670　　C．1883～1889　　D．1883

2．光学显微镜下呈现出的细胞结构称（　　）。

A．显微结构　　B．亚显微结构　　C．超显微结构　　D．亚细胞结构

3．在生活细胞中，处于不断流动的物质主要是（　　）。

A．胞基质　　B．水和原生质　　C．细胞质　　D．激素

4．在组成原生质的物质中，（　　）所占比例最大。

A．蛋白质　　B．无机盐　　C．水　　D．糖类

5．植物细胞的基本结构包括细胞壁和（　　）两部分。

A．原生质　　B．细胞质—细胞核

C．原生质体　　D．细胞质—原生质

6．下列不属于细胞膜的生理功能的是（　　）。

A．维持细胞内环境　　B．调节和控制物质的通过

C．识别和传递信息　　D．与蛋白质合成有关

7．细胞中的全部生活物质总称为（　　）。

A．蛋白质　　B．细胞质　　C．原生质　　D．原生质体

8．真核植物细胞的原生质体的组成应包括（　　）。

A．质膜、细胞质、细胞器　　B．细胞质、细胞器

C．质膜、细胞器　　D．质膜、细胞质、细胞核

9．细胞中和能量代谢有关的细胞器主要有（　　）。

A．细胞核、线粒体　　B．线粒体、高尔基体

C．质体、线粒体　　D．原生质体、内质网

10．植物细胞中不含光合色素的质体是（　　）。

A．造油体　B．造蛋白体　C．造粉体　D．白色体

11．植物不同器官的颜色多种多样，其主要是（　　）存在的缘故。

A．叶绿体和有色体　　B．丹宁和色素

C．各种光合色素　　D．A＋B

12．成熟的番茄和红辣椒的红色是因其细胞内含有（　　）。

A．花青素　B．有色体　C．胡萝卜素　D．维生素

13．（　　）内的汁液称为细胞液。

A．细胞　B．细胞质　C．原生质体　D．液泡

14．与脂肪分解有关的细胞器是（　　）。

A．过氧化物酶体　B．乙醛酸循环体　C．溶酶体　D．液泡

15．不属于植物细胞壁初生壁成分的是（　　）。

A．纤维素　B．果胶质　C．半纤维素　D．木质素

16．新的子细胞形成时产生的壁是（　　）。

A．初生壁　B．胞间层　C．次生壁　D．后生壁

17．不是所有成熟的植物细胞均具有的细胞壁结构是（　　）。

A．次生壁　B．初生壁　C．胞间层　D．纹孔

18．次生壁是（　　）。

A．相邻细胞间的细胞壁层

B．细胞生长过程中形成的细胞壁层

C．细胞停止生长后形成的细胞壁层

D．细胞最外边的壁层

19．胞间连丝通过的部位是（　　）。

A．纹孔或初生纹孔场　　B．胞间层或纹孔

C．纹孔膜　　D．次生壁

20．初生纹孔场位于（　　）。

A．初生壁　B．次生壁　C．胞间层　D．角质层

21．真核植物细胞有（　　）层核膜。

A．1　B．2　C．3　D．0

22．下列不属于植物细胞后含物的是（　　）。

A．晶体　B．淀粉　C．单宁　D．酶

23．植物细胞的糊粉粒是贮藏（　　）的主要结构。

A．淀粉　B．蛋白质　C．脂肪　D．糖

24．植物细胞中最普通的贮藏物质是（　　）。

A．淀粉　B．糖类　C．蛋白质　D．脂类

25. 鉴别植物细胞中的淀粉和蛋白质都可用的试剂是（　　）。

A. 碘 - 碘化钾　B. 苏丹Ⅲ　C. 苏丹Ⅳ　D. 甲基绿

26. 常说的细胞质遗传与（　　）中的 DNA 有关。

A. 线粒体、叶绿体　B. 核糖体

C. 高尔基体　D. 内质网和核糖体

27. 细胞核中的遗传物质主要是（　　）。

A. 染色质　B. 核质　C. RNA　D. DNA

28. 植物细胞周期中 DNA 合成期是（　　）。

A. 分裂期　B. G_1 期　C. S 期　D. G_2 期

29. 影响植物细胞周期长短的主要外界因素为（　　）。

A. 水　B. 光　C. 养分　D. 温度

30. 观察细胞的有丝分裂最好的取材位置是（　　）。

A. 根尖　B. 茎尖　C. 叶尖　D. 叶芽

31. 细胞有丝分裂过程中，观察染色体数目的最佳时期是（　　）。

A. 前期　B. 中期　C. 后期　D. 末期

32. 细胞有丝分裂过程中，染色单体分开，分别由赤道面移向细胞两极是在（　　）。

A. 前期　B. 中期　C. 后期　D. 末期

（三）判断题

1. 电子显微镜与光学显微镜相比，它们不仅在放大倍数上不同，工作原理与分辨率也都存在着很大的差异。（　　）

2. 要将显微镜视野右侧的标本转至视野中央，必须将标本切片向右推移。（　　）

3. 通过显微镜观察标本时，在低倍镜下将物像观察清楚后，换高倍镜观察时应转动粗准焦螺旋将物像调节清晰。（　　）

4. 在自然界中，目前已知的最小的生命单位是细胞。（　　）

5. 细胞的形状和大小取决于植物体的形状和大小。（　　）

6. 植物体中每个细胞都是有生命的。（　　）

7. 原生质是构成细胞的生活物质，而细胞质是细胞的基本结构部分之一。（　　）

8. 在组成原生质的物质中，蛋白质所占比例最大。（　　）

9. 构成细胞的生活物质称为原生质，而原生质体是指单个细胞内的原生质。（　　）

10. 真核植物的原生质体是由细胞膜、原生质及细胞核构成的。（　　）

11. 在电子显微镜下细胞膜横断面呈现暗 - 明 - 暗三条平行带。（　　）

12. 细胞质包括细胞膜、细胞器和胞基质三部分，其中胞基质是指包围细胞器的细胞质部分。（　　）

13. 胞质运动是胞基质沿一个方向作循环流动。（　　）

14. 蛋白质的合成是在高尔基体上进行的。（　　）

15. 内质网、高尔基体和核糖体都是具有单层膜的细胞器。（　　）

16. 叶绿体中含有 DNA，可以控制自身所有蛋白质的合成。（　　）

17. 质体是植物特有的细胞器，所有植物都具有质体。（　　）

18. 花瓣的颜色常因细胞 pH 的变化而呈现红色、紫色或蓝色，这是因为细胞内有花

青素。(　　)

19. 通常观察到的成熟植物细胞的细胞核位于细胞边缘。(　　)

20. 基因存在于核仁里。(　　)

21. 所有植物细胞的细胞壁都包括初生壁、胞间层和次生壁三部分。(　　)

22. 胞间连丝可在光学显微镜下分辨出来。(　　)

23. 多细胞植物体通过胞间层和胞间连丝，使相邻细胞、组织彼此连接成统一的整体。(　　)

24. 细胞分裂方式通常分为有丝分裂、无丝分裂和减数分裂三种，其中以减数分裂最普遍存在于植物的生长过程中。(　　)

25. 细胞核在细胞分裂期是由核膜、核质和核仁等部分组成的。(　　)

26. 有丝分裂过程一般分为核分裂和胞质分裂两个方面，其中胞质分裂先发生。(　　)

27. 细胞分裂间期的主要意义在于细胞得以休息。(　　)

28. 间期细胞核的主要功能是贮存和复制 DNA，以及合成和向细胞质转运 RNA。(　　)

29. 在有丝分裂间期，细胞核内被染成深色的部分是染色体。(　　)

30. 有丝分裂中的纺锤丝是由微管参与构成的。(　　)

31. 细胞的生长主要表现在长度的增加。(　　)

32. 在细胞分化的过程中，生理生化上的分化早于形态结构上的分化。(　　)

（四）简答题

1. 原生质和原生质体有什么区别？

2. 植物细胞中有哪些质体？各有什么特征？它们之间的关系如何？

3. 简述电子显微镜下显示的叶绿体结构。

4. 细胞壁是如何产生的？分为哪几层？各由什么物质组成？

5. 有丝分裂和减数分裂的主要区别是什么？它们各有什么重要意义？

6. 细胞核的形态、结构和功能分别是什么？

三、参考答案

（一）填空题

1. 施莱登，施旺，动植物组织均由细胞构成，所有细胞均由细胞分裂或融合而来，卵子和精子都是细胞，一个细胞可以分裂形成组织　2. 结构，功能　3. 细胞壁，原生质体，细胞膜，细胞质，细胞核，细胞核　4. 蛋白质，核酸，脂类，糖类，酶，激素，维生素　5. 质体，线粒体，内质网，高尔基体，液泡，溶酶体，核糖体，细胞骨架，线粒体，叶绿体，核糖体，内质网，高尔基体　6. 质体，液泡（线粒体），高尔基体，内质网，核糖体，微体（或微管、微丝）　7. 被膜，类囊体系统，基质，类囊体，光反应　8. 细胞骨架，微管，微丝，中间纤维　9. 前质体，白色体，有色体，叶绿体　10. 白色体转变为叶绿体　11. 核糖体，光面内质网　12. 胞间层，初生壁，次生壁　13. 细胞壁，液泡，质体（叶绿体）　14. 贮藏物质，代谢废物，次生物质，淀粉，蛋白质，脂类，碘，苏丹Ⅲ　15. 胞间层，胞间连丝　16. 具缘纹孔　17. 细胞分裂间期，分裂期，DNA 复制前期，DNA 复制期，DNA 复制后期，前期，中期，后期，末期　18. 有丝分裂，无丝分裂，减数分裂，自由形成，有丝分裂，无丝分裂　19. 植物细胞全能性

20. 体积，质量，形态，结构，功能，分化　21. 坏死性死亡，细胞程序性死亡，细胞程序性死亡

（二）单项选择题

1. A　2. A　3. A　4. C　5. C　6. D　7. C　8. D　9. C　10. D　11. D　12. B　13. D　14. B　15. D　16. B　17. A　18. C　19. A　20. A　21. B　22. D　23. B　24. A　25. A　26. A　27. D　28. C　29. D　30. A　31. B　32. C

（三）判断题

1. T　2. T　3. F　4. F　5. F　6. F　7. T　8. F　9. F　10. F　11. T　12. F　13. F　14. F　15. F　16. F　17. F　18. T　19. T　20. F　21. F　22. T　23. T　24. F　25. F　26. F　27. F　28. T　29. F　30. T　31. F　32. T

（四）简答题

1. 答：原生质是一个细胞内的全部生活物质的总称，是物质的概念。原生质体是由细胞原生质分化而成的结构，包括细胞膜、细胞质和细胞核三部分，是结构的概念。

2. 答：根据质体的发育程度、功能和色素分布情况，可分为前质体、叶绿体、白色体和有色体。①前质体：未分化成熟的质体，一般为无色的球状体，主要存在于根端、茎端等幼龄细胞中，当细胞生长分化时，前质体在黑暗条件下可发育成白色体，在光照条件下可发育成叶绿体和有色体。②叶绿体：多是球形或扁球形的颗粒，主要分布在植物的叶肉细胞，含有叶绿素 a、叶绿素 b、叶黄素及胡萝卜素，主要功能是进行光合作用。③白色体：不含可见色素，多呈球形，常位于植物的地下贮藏器官、胚和少数植物叶的表皮细胞中。其与物质的积累和贮藏有关，根据所贮藏的物质不同，可分为造粉体（合成、积累淀粉）、造蛋白体（合成、积累蛋白质）和造油体（合成、积累脂肪）。④有色体：在形态上是多种多样的，有颗粒状、棒状等。其常存在于果实、花瓣或有些植物的贮藏根中（胡萝卜），含有类胡萝卜素（包括叶黄素和胡萝卜素），由于含叶黄素和胡萝卜素的比例不同而分别显黄色、橙色或橙红色。它的主要功能是积聚淀粉和脂类，赋予花果鲜艳颜色，吸引昆虫，有利于传粉和果实的传播。

3. 答：叶绿体的外表由双层膜包被，内部有由单层膜围成的圆盘状的类囊体，类囊体平行地相叠，形成一个个柱状体单位，称为基粒。在基粒之间由基粒间膜（基质片层）相联系。除了这些以外的其余部分是没有一定结构的基质。

4. 答：细胞壁是原生质体生命活动过程中向外分泌的多种物质复合而成的结构。其可分为 3 层：①胞间层，主要成分为果胶质；②初生壁，主要成分为纤维素、半纤维素和果胶质；③次生壁，主要成分为纤维素，有的还有木质素、角质素等。

5. 答：①有丝分裂是真核细胞最普通而常见的形式，而减数分裂只发生在有性生殖过程中；②一次有丝分裂只分裂一次，产生 2 个子细胞，子细胞的染色体数目与母细胞相同，而减数分裂包括两次连续的分裂，产生 4 个子细胞，子细胞的染色体数目是母细胞的一半；③减数分裂过程中有染色体配对、交换、同源染色体分开等现象，有丝分裂没有。

意义：①有丝分裂保证了每个子细胞具有与母细胞相同的遗传物质，保证了细胞遗传的稳定性；②减数分裂对保持遗传的稳定性和丰富遗传的变异性均有重要意义。

6. 答：①形态：一般为球形，通常 1 个。在幼期细胞中，核位于细胞中央；在成熟细胞中由于液泡增大合并成中央大液泡，常被挤到细胞一侧。②结构：核膜（双层，其上有核孔）、核

质（染色质和核基质）、核仁。③功能：贮存和复制DNA；合成和向细胞质转运RNA。

第二章 植物组织与组织系统

一、知识要点提示

（一）知识要点概述

1. 植物组织

植物组织是形态结构相似、来源相同、担负一定生理功能的细胞组合。

2. 植物组织的分类

根据发育程度、形态结构和生理功能的不同，植物组织可分为**分生组织**和**成熟组织**两大类。

1）**分生组织** 具有连续或周期性分裂能力的细胞群。特征：细胞排列紧密，壁薄，核相对较大，细胞质浓，含多种细胞器，质体、液泡分化不明显。

按**位置**可分为三类：①**顶端分生组织**，根尖、茎尖的分生区。②**侧生分生组织**，包括维管形成层和木栓形成层，平行于所在器官的边缘，与所在器官的增粗有关。③**居间分生组织**，器官节段的基部或成熟组织之间，如禾本科植物茎的每个节间的基部。

按**发生来源**可分为三类：①**原分生组织**，由胚性细胞构成，位于胚和根尖、茎尖的先端，有强烈的分生潜能。②**初生分生组织**，位于根尖、茎尖的原分生组织之后或节间基部，由原分生组织分裂而来，分裂活跃，并初步分化出**原表皮**、**原形成层**和**基本分生组织**。③**次生分生组织**，多位于较老的根、茎等器官的内侧，由初生分生组织保留下来或成熟的薄壁组织恢复分裂能力转化而来，如束间形成层和木栓形成层。它们分裂产生的细胞经过生长，分化为次生成熟组织。

各类分生组织的关系：从组织发生的来源和性质分析，**顶端分生组织包括原分生组织和初生分生组织，居间分生组织属于初生分生组织，侧生分生组织属于次生分生组织**。

2）**成熟组织** 分生组织分裂所产生的细胞，经过生长和分化而来的组织。成熟组织一般不再进行分裂，因此又称**永久组织**。但有些细胞仍有一定的分裂潜能，通过脱分化可转变为次生分生组织。根据形态结构和生理功能的不同，成熟组织又可分为以下五大类。

（1）**保护组织**：植物表面一至几层细胞。①**表皮——初生保护组织**，分布于幼嫩的茎、叶等表面，常由一层生活细胞组成。它包括表皮细胞（细胞排列紧密，一般无色透明，细胞的外壁常角质化，最外面有角质层。某些表皮的外表由蜡被覆盖或者硅质化。功能：减少水分蒸腾，防止病菌侵害等）、气孔器（由保卫细胞和气孔组成。功能：调节水分蒸腾和气体交换）和外生物（表皮毛或腺毛，形状有多种，有加强保护的作用）。②**木栓层——次生保护组织**，是表皮内侧多层扁平的死细胞，细胞排列紧密、整齐，细胞壁高度木栓化。不易透水，不易透气，保护作用强。木栓层（由木栓形成层向外分裂产生）、木栓形成层和栓内层（由木栓形成层向内分裂产生）组成的结构称为**周皮**。

（2）**薄壁组织**：又称营养组织，由生活的薄壁细胞组成，细胞壁薄，液泡较大，细胞间隙明显，细胞分化程度较小，具有潜在的分裂能力，在一定条件下脱分化转变为分生组织。根据结构和生理功能的不同，其又可分为5类（表2-2）。

表 2-2　薄壁组织的分类

类型	位置及主要特征	主要功能
吸收组织	根尖根毛区部分表皮细胞外壁外突形成根毛	吸收、运输水和无机盐至根内
同化组织	多分布于叶肉细胞，含大量叶绿体	光合作用，制造有机物
贮藏组织	根、茎、果实、种子等细胞内贮藏营养物质的组织	贮藏淀粉、蛋白质、脂类、糖类
通气组织	水、湿生植物体内，胞间隙、气腔或气道发达	贮存或输导气体，抵抗机械应力
传递细胞	木质部、韧皮部等部位特化的薄壁细胞，部分细胞壁向细胞腔内形成许多不规则突起	使质膜面积增加，有利于细胞对物质的吸收与传递

（3）**机械组织**：起机械支持和稳固作用的组织，细胞壁局部或全部加厚。按细胞的形态结构特点及细胞壁加厚方式，机械组织可分为两类（表 2-3）。

表 2-3　机械组织的分类

类型	位置及主要特征	主要功能
厚角组织	幼茎、叶柄等处。排列紧密，为活细胞，常有叶绿体，细胞壁常在角隅处加厚	支持作用，坚韧，且有可塑性和延伸性
厚壁组织	植物体各部分，次生壁全部木质化加厚的死细胞，细胞腔较小。根据其形状又可分为纤维和石细胞	支持作用很强
纤维	细胞细长，两头尖锐，细胞壁常木质化加厚，细胞腔极小的死细胞	许多纤维，以尖端穿插连接，形成器官的主要支柱
木纤维	在木质部，细胞短小，次生壁高度木质化加厚	坚硬、较脆，抵抗自上而下的压力，可作填充料
韧皮纤维	韧皮部等，为细长纺锤形死细胞，次生壁加厚，主要由纤维素组成	坚韧、有弹性，抵抗弯曲和折断，可作优质纺织原料
石细胞	果皮、种皮、叶片等处，细胞等径形，壁高度木质化加厚，细胞腔极小	有坚强的支持作用

（4）**输导组织**：输导水分、无机盐及同化产物的组织。细胞长管状，胞间贯通形成连续的输导系统。根据输导物质的不同，输导组织又分为表 2-4 中的几类。

表 2-4　输导组织的分类

输导物质	组织名称	主要特征与功能
水和无机盐	导管	木质部。导管分子为长管状死细胞。侧壁可木质化，呈螺纹、环纹、梯纹、网纹、孔纹加厚。端壁称穿孔板，具一至几个穿孔，输导能力强
	管胞	两端斜尖不穿孔的长梭状死细胞，侧壁可有不同类型的木质化加厚。为大多数蕨类和裸子植物的输水组织，输导能力弱
有机物	筛管	韧皮部。筛管分子为长管状生活细胞。端壁称筛板，具多个筛孔，原生质体后期细胞核消失，输导能力强
	伴胞	筛管分子一侧一至几个较小的生活细胞，与筛管分子是同一个母细胞分裂而来。其形状两端尖削，核和核仁较大，细胞质浓，有胞间连丝与筛管相连。短途输导
	筛胞	细长，末端尖斜的活细胞，斜壁或侧壁纵向相接叠生。为蕨类和裸子植物的主要输导组织，输导能力弱

注：老的导管可被侵填体堵塞，筛管的筛板被胼胝质堵塞后失去输导能力

（5）**分泌结构**：能够产生分泌物质的细胞或细胞群单位。根据存在部位和分泌物的泌排情况，分为：①**外分泌结构**，位于植株外表，分泌物排出植物体外，如腺毛、腺鳞、蜜腺、排水器等。②**内分泌结构**，常位于植物体内的基本组织内，分泌物贮存在植物体内，如分泌腔、分泌道、乳汁管等。

3. 复合组织

复合组织是发育上来源相同、结构和功能上密切相关的几种组织复合而成的结构。其包括：①**周皮**，由木栓层、木栓形成层和栓内层共同组成；②**木质部和韧皮部**，主要起输导和支持作用；③**维管束**，由原形成层分化而来，主要由木质部和韧皮部共同组成的束状结构，分布在植物体各器官内。这几种组织密切配合，完成输导和支持等功能。常见的维管束类型有：有限维管束（无束中形成层，不能增粗，如大多单子叶植物的维管束）和无限维管束（有束中形成层，能继续增粗，如裸子植物和大多双子叶植物的维管束）。

4. 组织系统

组织系统包括皮组织系统、基本组织系统和维管组织系统，它们在结构和功能上相对独立、相互联系，共同构成复杂的植物有机体。

（二）知识结构图解

1. 植物组织的类型

植物组织的类型见图 2-2。

- 植物组织
  - 分生组织
    - 位置
      - 顶端分生组织
      - 居间分生组织
      - 侧生分生组织
    - 来源
      - 原分生组织
      - 初生分生组织
      - 次生分生组织
  - 成熟组织
    - 保护组织：表皮、周皮
    - 薄壁组织：吸收组织、同化组织、贮藏组织、通气组织、传递细胞
    - 机械组织：厚角组织、厚壁组织（可分为纤维和石细胞）
    - 输导组织：导管与管胞；筛管与伴胞/筛胞
    - 分泌结构
      - 外分泌结构　（腺毛、蜜腺）
      - 内分泌结构（分泌细胞、分泌腔、分泌道、乳汁管）

图 2-2　植物组织的类型

2. 植物组织发生与分化图解

植物组织发生与分化见图 2-3。

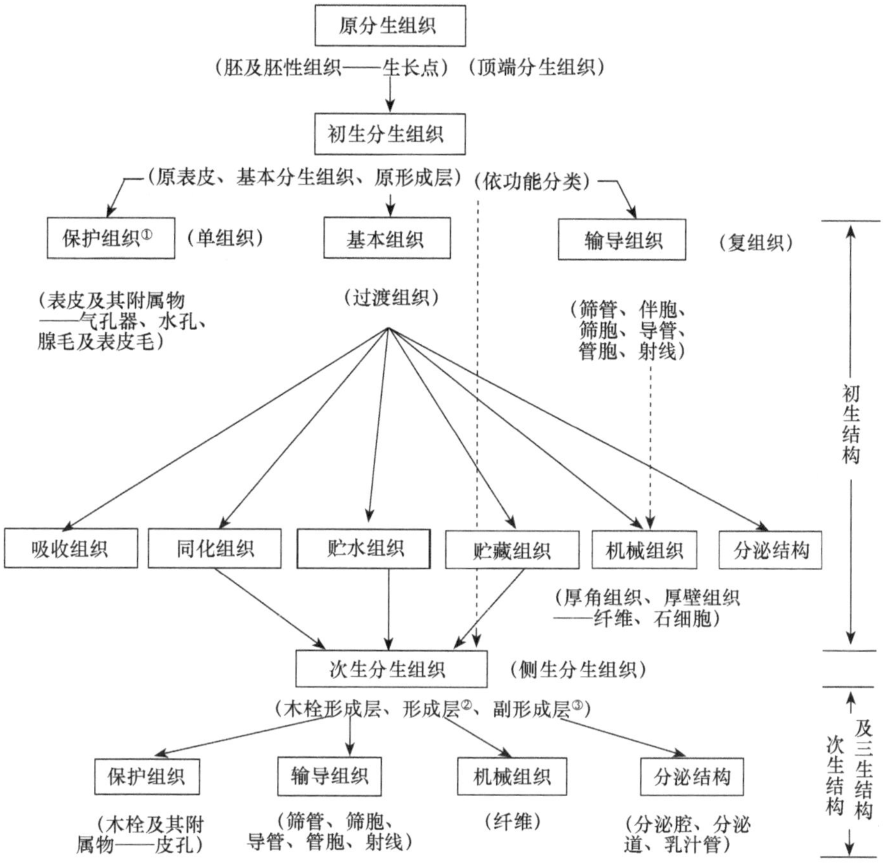

图 2-3　植物组织发生与分化图解

①初生结构，通常一层细胞，多数植物具复表皮，如夹竹桃叶片；②又称维管形成层，包括束内形成层和束间形成层两部分；③又称额外形成层或三生分生组织，是形成三生结构的基础。虚线箭头表示原形成层分化过程中保留部分细胞转变成次生分生组织——维管形成层的一部分

二、思考与练习

（一）填空题

1. 根据组织的发育程度、形态结构及其生理功能的不同，通常将植物组织分为 ________ 和 ________ 两大类。

2. 根据分生组织在植物体内分布位置的不同，可将其分为 ________、________ 和 ______ 三类；按其来源、发育程度和性质，分为 ________、________ 和 ________ 三类。

3. 一般说来，植物新器官的发育和伸长主要与 ________ 分生组织活动有关，而植物的增粗生长主要与 ________ 分生组织活动有关；植株倒伏后能恢复生长则主要与 ________ 分生组织活动有关。

4. 按照分生组织发生的来源和性质分析，顶端分生组织包括 ________ 和 ________，居间分生组织属于 ________，侧生分生组织属于 ________。

5. 原表皮、基本分生组织和原形成层属于 ________ 分生组织。

6. 双子叶植物根、茎的增粗主要是 ________ 和 ________ 分裂活动的结果。

7. 次生分生组织多位于较老的根、茎等器官的内侧，是由 ________ 组织经脱分化转变而来，包括 ________ 和 ________。

8. 维管形成层从所处的位置看，属于 ________ 分生组织，从组织的来源和性质看，属于 ________ 分生组织。

9. 成熟组织一般不表现分裂活性，根据其形态结构和生理功能的不同，可将其分为 ________、________、________、________ 和 ______5 类。

10. 根据保护组织的来源、形态结构及功能的强弱，可分为 ________ 和 ______。

11. 表皮属于 ________ 保护组织，它分为 ________、________、________ 和 ________ 等几种细胞类型。

12. 植物体上的表皮毛多种多样，其中根毛属于 ________ 组织；腺毛属于 ________ 组织；棉花种皮上的表皮毛属于 ________ 组织。

13. 木栓层是 ________ 保护组织，它是由 ________ 向外分裂产生的。木栓层与 ________ 和 ________ 共同组成的结构为 ________。

14. 植物基本组织根据其形态结构和功能又可分为 ________、________、________、________ 和 ________5 种类型。

15. 植物茎中的机械组织一般有两种，在绿色幼茎中的机械组织为 ________ 组织，其细胞含 ________，能进行光合作用，细胞是 ________ 生命的；在老茎中的机械组织为 ________，细胞是 ________ 生命的。

16. 在植物机械组织中，巩固和支持植物体的能力较强的组织是 ________，它包括 ________ 和 ________。

17. 亚麻、苎麻等麻类作物所利用的是 ________ 组织。

18. 梨果肉中坚硬的颗粒是成簇的 ________。

19. 根据运输的物质不同，输导组织可分为两大类，即运输水和无机盐的 ________ 和 ________；运输有机物的 ________ 和 ________。

20. 传递细胞最显著的特点是 ________，起 ________ 作用。

21. 在被子植物中，木质部一般由 ________、________、________ 和 ________ 组成；韧皮部一般由 ________、________、________ 和 ________ 组成。

22. 组成导管的每一个细胞称为 ________，其端壁逐渐解体消失，形成不同形式的穿孔，具有穿孔的端壁称为 ________。

23. 导管是由许多 ________ 分子连接而成的，其相连的横壁上形成 ________ 孔，根据其发育先后和侧壁木质化增厚方式，分为 ________、________、________、________ 和 ________ 等类型。

24. 纵向相邻的筛管分子的原生质呈束状通过 ________ 相连，称为 ________。

25. 在筛管细胞的端壁上，具有筛孔的凹陷区域称为 ________。

26. 管胞除具有 ________ 的功能外，还兼有 ________ 的功能。

27. 外分泌结构的分泌物处于 ________，如 ________；内分泌结构的分泌物处于 ________，如 ________。

28. 按照腔室形成的方式，分泌腔可分为 ________ 和 ________ 两种。

29. 由来源相同、结构功能密切相关的几类细胞构成的组织称为 ________ 组织，

如 ________、________、________ 和 ________。由一种类型细胞构成的组织称 ________ 组织，如 ________、________ 和 ________。

30. 填写下列植物细胞和组织属于哪种组织：

表皮毛 ________；形成层 ________；传递细胞 ________；树脂道 ________；叶肉细胞 ________；石细胞 ________；纤维 ________。

（二）单项选择题

1. 分生组织是一类代谢活跃的组织，不属于其细胞特点的是（　　）。
A. 细胞排列紧密　B. 细胞壁薄
C. 细胞核较大　D. 有液泡和质体的分化

2. 在下列组织中，具活性的组织或细胞是（　　）。
A. 木栓层　B. 筛管　C. 导管　D. 纤维

3. 在蕨类和裸子植物中，运输有机物的结构是（　　）。
A. 管胞　B. 筛管　C. 伴胞　D. 筛胞

4. 与植物器官的增粗有关的分生组织是（　　）。
A. 初生分生组织　B. 次生分生组织
C. 居间分生组织　D. 顶端分生组织

5. 与植物器官的伸长无关的分生组织有（　　）。
A. 原分生组织　B. 初生分生组织
C. 次生分生组织　D. 居间分生组织

6. 下列不属于次生分生组织的为（　　）。
A. 原形成层　B. 维管形成层　C. 木栓形成层　D. 束间形成层

7. 下列来源于初生分生组织的组织是（　　）。
A. 表皮　B. 周皮　C. 韧皮射线　D. 木射线

8. 下列来源于次生分生组织的组织是（　　）。
A. 表皮　B. 初生韧皮部　C. 维管束　D. 木栓层

9. 在植物体内，各种代谢活动主要在（　　）中进行。
A. 保护组织　B. 机械组织　C. 输导组织　D. 薄壁组织

10. 海绵组织属于（　　）。
A. 薄壁组织　B. 分生组织　C. 保护组织　D. 机械组织

11. 下列组织中，由死细胞组成的是（　　）。
A. 厚角组织　B. 厚壁组织　C. 筛胞　D. 维管形成层

12. 芹菜多棱形的茎中，棱角表皮下方常分布有（　　）。
A. 厚角组织　B. 厚壁组织　C. 薄壁组织　D. 石细胞

13. 下列常具有叶绿体，能进行光合作用的组织是（　　）。
A. 厚壁组织　B. 厚角组织　C. 输导组织　D. 分泌组织

14. 纤维属于（　　）。
A. 保护组织　B. 机械组织　C. 营养组织　D. 输导组织

15. 常存在于正在生长的器官中的机械组织是（　　）。
A. 石细胞　B. 纤维　C. 厚壁组织　D. 厚角组织

16. 水稻、小麦等拔节、抽穗与（　　）活动有关。
A. 顶端分生组织　　B. 居间分生组织
C. 侧生分生组织　　D. 次生分生组织

17. 厚角组织和厚壁组织的区别，主要在于厚角组织是（　　）。
A. 活细胞，壁均匀次生加厚
B. 死细胞，壁均匀初生加厚
C. 活细胞，角隅处或相邻细胞处初生壁加厚
D. 死细胞，壁均匀次生加厚

18. 导管分子的端壁逐渐解体消失而形成（　　）。
A. 筛孔　　B. 穿孔　　C. 纹孔　　D. 皮孔

19. 穿过筛孔连接相邻两个筛管分子的原生质呈束状，称为（　　）。
A. 联络索　　B. 筛域　　C. 筛板　　D. 穿孔板

20. 在裸子植物中，输导水分和无机盐的是（　　）。
A. 导管和管胞　　B. 管胞　　C. 筛管　　D. 筛胞

21. 伴胞存在于（　　）。
A. 气孔器　　B. 皮层　　C. 木质部　　D. 韧皮部

22. 由分生组织向成熟组织过渡的组织是（　　）。
A. 薄壁组织　　B. 次生分生组织　　C. 初生分生组织　　D. 原分生组织

23. 下列（　　）木质化程度最高。
A. 孔纹导管　　B. 网纹导管　　C. 螺纹导管　　D. 梯纹导管

24. 蜜腺属于（　　）。
A. 外分泌结构　　B. 分泌腔　　C. 分泌道　　D. 乳汁管

25. 漆树中产生漆汁的分泌结构是（　　）。
A. 溶生型分泌道　　B. 裂生型分泌道
C. 溶生型分泌腔　　D. 裂生型分泌腔

26. 稻、麦等粮食作物为人类所利用的组织主要是（　　）。
A. 薄壁组织　　B. 输导组织　　C. 机械组织　　D. 保护组织

27. 不属于植物的三大组织系统的是（　　）。
A. 皮组织系统　　B. 基本组织系统
C. 维管组织系统　　D. 输导组织系统

28. 小麦茎的维管束属于（　　）。
A. 外韧维管束和无限维管束　　B. 周木维管束和无限维管束
C. 外韧维管束和有限维管束　　D. 双韧维管束和无限维管束

29. 南瓜茎中的维管束为（　　）。
A. 外韧维管束　　B. 双韧维管束
C. 周韧维管束　　D. 周木维管束

30. 草本植物体内数量最多、分布最广的组织是（　　）。
A. 输导组织　　B. 薄壁组织　　C. 机械组织　　D. 厚壁组织

（三）判断题

1．组织是指来源相同、形态结构相似、生理功能一致的细胞群。(　　)

2．构成生物体结构和功能的基本单位是组织。(　　)

3．分生组织的细胞排列紧密，细胞壁薄，细胞核较大，细胞质浓厚，细胞器丰富，有质体和液泡的分化。(　　)

4．成熟植株的根尖或茎尖的分生组织先端的原始细胞构成原分生组织。(　　)

5．基本组织是植物体内占有分量最多的组织，它们都是由生活的薄壁细胞所组成，因此又被称为薄壁组织。(　　)

6．侧生分生组织属于初生分生组织。(　　)

7．成熟组织中的输导组织、机械组织均由死细胞构成。(　　)

8．花生子房的“入土结实”是侧生分生组织活动的结果。(　　)

9．导管、管胞、厚壁组织、木栓层是死细胞构成的成熟组织。(　　)

10．导管、管胞、厚壁组织、木栓层是次生成熟组织。(　　)

11．成熟的筛管分子是无核、无液泡、管状的生活细胞。(　　)

12．纺织用的棉花纤维和麻类植物的纤维在植物学上属韧皮纤维。(　　)

13．植物体内担负输导功能的导管、筛管和伴胞，以及承担机械支持作用的机械组织等，它们都具有次生壁。(　　)

14．树皮是粗老树干外围的保护组织。(　　)

15．具有腺鳞、蜜腺的植物因分泌结构能产生糖类化合物，因而是蜜源植物。(　　)

16．植物体内担负输导水分和无机盐的导管和管胞为死细胞，而输导有机物质的筛管和伴胞为活细胞。(　　)

17．植物的树皮是由历年形成的木栓层组成的复合结构。(　　)

18．维管束由原形成层分化而来，它是由木质部和韧皮部组成的束状结构。而维管系统则是指一植株的整体或一个器官的全部维管组织。(　　)

19．被子植物输导组织中的导管、管胞、纤维、筛管等是原生质体解体了的死细胞。(　　)

20．伴胞存在于韧皮部。(　　)

21．束中形成层是典型的次生分生组织。(　　)

22．导管和筛管均属于输导组织，二者的区别在于导管分子成熟后为具厚壁的死细胞，而筛管分子成熟后为具有核及原生质体的生活细胞。(　　)

23．棉花茎、叶及子叶中的分泌腔是由于细胞的胞间层溶解，细胞间隙扩大而形成的溶生型分泌腔。(　　)

24．分泌道和分泌腔均由细胞中层溶解而形成。(　　)

25．旱生植物的通气组织很发达。(　　)

26．维管组织系统是植物体内的一种复合组织，主要包括输导组织、机械组织、薄壁组织。(　　)

（四）简答题

1．从输导组织的结构和组成来分析，为什么说被子植物比裸子植物更高级？

2．按在植物体中的存在位置，分生组织可分为哪几类？在植物生长中各有什么作用？

3. 筛管和筛胞在结构及分布上有何不同?
4. 什么是组织系统?植物体内的组织系统有哪几类?
5. 厚角组织与厚壁组织有何不同?

三、参考答案

(一)填空题

1. 分生组织,成熟组织 2. 顶端分生组织,侧生分生组织,居间分生组织,原分生组织,初生分生组织,次生分生组织 3. 顶端,侧生,居间 4. 原分生组织,初生分生组织,初生分生组织,次生分生组织 5. 初生 6. 维管形成层,木栓形成层 7. 薄壁,木栓形成层,维管形成层 8. 侧生,次生 9. 保护组织,基本组织,机械组织,输导组织,分泌结构 10. 初生保护组织(表皮),次生保护组织(木栓层) 11. 初生,表皮细胞,保卫细胞,副卫细胞,外生物(表皮毛等) 12. 基本(或吸收),分泌,保护 13. 次生,木栓形成层,木栓形成层,栓内层,周皮 14. 吸收组织,同化组织,贮藏组织,通气组织,传递细胞 15. 厚角,叶绿体,有,厚壁组织,无 16. 厚壁组织,纤维,石细胞 17. 纤维(机械) 18. 石细胞 19. 导管,管胞,筛管,筛胞 20. 细胞壁显著向内生长,短途运输 21. 导管,管胞,木纤维,木薄壁组织,筛管,伴胞,韧皮纤维,韧皮薄壁细胞 22. 导管分子,穿孔板 23. 导管,穿,环纹导管,螺纹导管,梯纹导管,网纹导管,孔纹导管 24. 筛孔,联络索 25. 筛域 26. 输导,机械支持 27. 植物体表,蜜腺,植物体内,乳汁管 28. 溶生分泌腔,裂生分泌腔 29. 复合,周皮,木质部,韧皮部,维管束,简单,保护组织,基本组织,机械组织 30. 保护组织,分生组织,基本组织,分泌结构,基本组织,机械组织,机械组织

(二)单项选择题

1. D 2. B 3. D 4. B 5. C 6. A 7. A 8. D 9. D 10. A 11. B
12. A 13. B 14. B 15. D 16. B 17. C 18. B 19. A 20. B 21. D
22. C 23. A 24. A 25. B 26. A 27. D 28. C 29. B 30. B

(三)判断题

1. T 2. F 3. F 4. T 5. T 6. F 7. F 8. F 9. T 10. F 11. T
12. F 13. F 14. F 15. F 16. T 17. F 18. T 19. F 20. T 21. F
22. F 23. F 24. F 25. F 26. T

(四)简答题

1. 答:植物的输导组织包括木质部和韧皮部两类:裸子植物木质部一般主要由管胞组成,管胞担负了输导与支持双重功能。被子植物的木质部中,导管分子专营输导功能,木纤维专营支持功能,所以被子植物木质部分化程度更高。而且导管分子的管径一般比管胞粗大,因此输水效率更高,被子植物更能适应陆生环境。被子植物韧皮部含韧皮纤维、筛管分子和伴胞,韧皮纤维具有较强的支持作用,筛管分子连接成纵行的长管,适于长、短距离运输有机养分,筛管的运输功能与伴胞的代谢密切相关。裸子植物的韧皮部无纤维、筛管、伴胞,而具筛胞。筛胞与筛管分子的主要区别在于,筛胞的细胞壁上只有筛域,原生质体中也无 P- 蛋白体,而且不像筛管那样由许多筛管分子连成纵行的长管,而是由筛胞聚集成群。显然,筛胞是一种比较原始的类型。所以裸子植物

的输导组织比被子植物的简单、原始，被子植物比裸子植物更高级。

2. 答：按在植物体中的存在位置，分生组织包括顶端分生组织、侧生分生组织、居间分生组织。①顶端分生组织：产生初生结构，使根和茎不断伸长，并在茎上形成侧枝、叶和生殖器官。②侧生分生组织：形成次生维管组织和周皮。③居间分生组织：禾本科植物等单子叶植物借助于居间分生组织的活动，进行拔节和抽穗，使茎急剧长高，葱等因叶基居间分生组织活动，叶被剪后仍伸长。

3. 答：①结构：筛管为管状结构，由侧壁和端壁构成，端壁与侧壁以较大的角度结合，端壁上有筛板、筛孔，筛管是特化的细胞，成熟后无细胞核，但有活的原生质体，称为筛管分子。筛胞也是管状结构，但筛胞没有端壁，筛胞的两端呈尖斜状，尖斜状的两端侧壁上分布有筛域、筛孔，筛胞运输同化产物是通过侧壁上的筛域、筛孔来完成的。②分布：筛管分布于被子植物的韧皮部中，筛胞分布于蕨类植物和裸子植物的韧皮部中。

4. 答：在植物体内，承担一定生理功能的不同简单组织和复合组织在植物体内贯穿在一起构成了组织系统。植物体内的组织系统可分为三大类：①维管组织系统，由贯穿于植物各个器官的维管束构成；②皮组织系统，由覆盖于植物体表的表皮和周皮等构成；③基本组织系统，是皮组织系统与维管组织系统之间的部分。

5. 答：①厚角组织细胞成熟后，有不均匀加厚的初生壁，有活的原生质体，细胞具有潜在的分生能力，具有叶绿体，可进行光合作用，支持保护功能弱。②厚壁组织细胞成熟后，细胞壁一般有次生壁加厚，没有活的原生质体，为死细胞，没有潜在的分生能力，机械支持能力强。

第三章　植物营养器官的形态结构和功能

一、知识要点提示

（一）知识要点概述

1. 根

（1）从植物体固定的部位（胚根）生长出来的根为**定根**，分为**主根**（由胚根发育而来）和**侧根**（从主根上长出的分枝）。一株植物上所有根的总和，称为**根系**。其可分为直根系和须根系两种。**直根系**由主根和侧根组成，**须根系**主要由不定根组成，不定根是指其发生部位（一般在老的根、茎，或叶片上某些部位）不确定的根。

（2）**根尖**是从根的顶端到着生根毛的部位的根段，是根吸收土壤中水分和无机盐的部位。根尖依其形态结构的不同，分为：①**根冠**，根尖最顶端，帽状结构，保护根尖，具有向重性。②**分生区**，根冠内侧，圆锥形，进行细胞增殖。③**伸长区**，分生区与根毛区的过渡区，细胞停止分裂、渐次伸长。该区是根伸长生长和在土壤中穿行的动力。④**成熟（根毛）区**，根表密布根毛，细胞生长停止，不同组织层次分化出现，主要吸收和转运水分和无机盐。

（3）**初生生长**是初生分生组织（原表皮、基本分生组织和原形成层）经细胞分裂、生长和分化形成初生成熟组织的过程。**初生结构**则是初生生长过程中所产生的各种组织所构成的结构。

（4）根的初生结构包括**表皮**、**皮层**和**维管柱**三部分。双子叶植物根的初生结构：①表皮，由原表皮发育而来。一般为一层薄壁细胞，角质膜不发达，多具根毛。②皮层，由基本分生组织发育而来，可分为外皮层、中皮层（皮层薄壁细胞）和内皮层。内皮层是皮层最内的一层细胞，其径向壁和横向壁呈木质化、栓质化、"凯氏带"状次生增厚。③中柱，又称维管柱，由原形成层发育而来。最外方是**中柱鞘**，常为一层细胞，具有潜在的分裂能力。**初生木质部**和**初生韧皮部**相间排列，分化成熟方式为外始式，两者之间还有少许**薄壁细胞**。

单子叶植物根的结构层次与双子叶植物根的初生结构一样，不同之处主要有以下5个方面：外皮层薄壁细胞厚壁化；内皮层细胞的细胞壁除外切向壁外，为内五面增厚结构；中柱细胞后期厚壁化；初生木质部为多原型；不保留有分裂能力的细胞，没有次生生长和次生结构。

（5）大多数双子叶植物的根可进行次生生长，形成次生结构。它是次生分生组织**维管形成层**和**木栓形成层**活动（细胞分裂、生长、分化）的结果。维管形成层向内形成**次生木质部**，向外形成**次生韧皮部**，使根增粗。木栓形成层细胞分裂产生木栓层和栓内层，三者构成**周皮**。根的次生结构自外向内依次为周皮（木栓层、木栓形成层、栓内层）、初生韧皮部（常被挤毁）、次生韧皮部（含韧皮射线）、形成层和次生木质部（含木射线）及辐射状的初生木质部。多数双子叶植物根中无髓。

（6）侧根是由中柱鞘特定部位的细胞经脱分化、恢复分裂能力形成侧根原基，经初生生长过程所形成的根的分枝（内起源）。侧根的发生位置与初生木质部束数有关。

（7）根瘤和菌根是某些高等植物根部所形成的共生结构。根瘤是由根瘤细菌、放线菌侵染根部细胞而形成的瘤状结构，与根的固氮作用有关；菌根是某些真菌与某些高等植物根部所形成的共生体，促进根的吸收。

2. 茎

茎由芽、节（其上着生叶）和节间几部分组成。茎上有叶痕、芽鳞痕、维管束痕、皮孔等结构。

芽是未发育枝条或花（或花序）的原始体。注意区分：叶芽、花芽和混合芽，定芽与不定芽，活动芽和休眠芽，裸芽和鳞芽，夏芽和冬芽或越冬芽。

（1）**叶芽与花芽**：前者是将来发育为枝条的芽，包括中央的生长锥、叶原基、腋芽原基和幼叶。后者是花或花序的原始体，含花或花序各部分（花萼、花瓣、雄蕊和雌蕊）的原基。

（2）种子植物的分枝方式主要有**单轴分枝**、**合轴分枝**、**假二叉分枝**、**分蘖**等，注意其概念间的区别与联系。

（3）**茎尖**由上而下可分为**分生区**、**伸长区**和**成熟区**三部分。与根比较：其分生区（主要掌握原套、原体结构特点和功能）受层层叠叠的幼叶保护；伸长区长达几厘米至十几厘米，表皮层有气孔、表皮毛、角质膜、节和节间等；成熟区与伸长区间的过渡不明显。

（4）双子叶植物茎的**初生结构**由表及里可分为**表皮**、**皮层**和**中柱**三部分。与根相比，不同点如下。

① 表皮细胞外壁厚，角质化并有角质层，表皮上有气孔器和表皮毛等附属物。

② 皮层的外皮层为厚角组织（有叶绿体），中皮层（皮层薄壁细胞）与内皮层界限不明显。

③ 中柱由原形成层和部分基本分生组织发育而来，包括维管束、髓和髓射线三部分。维管束是由原形成层发育而来的束状结构，包括初生韧皮部、束内形成层和初生木质部三部分；双子叶植物茎的初生木质部产生、分化和成熟方式为内始式。髓射线位于两个维管束之间，连接皮层与髓，是茎内径向输导的途径。

（5）双子叶植物的茎可进行次生生长，形成次生结构。它是**维管形成层**和**木栓形成层**活动的结果。

① 双子叶植物茎的维管形成层是束中形成层和束间形成层两部分相衔接形成的圆环状维管形成层。维管形成层的细胞有两种：一种是两端尖斜的长梭形细胞，称为纺锤状原始细胞；另一种是近于等径而较小的细胞，称为射线原始细胞。维管形成层的活动主要是纺锤状原始细胞切向分裂，向外产生次生韧皮部，向内产生次生木质部，构成纵列的次生维管组织系统，成为茎中纵向的输导系统。射线原始细胞切向分裂产生维管射线，构成横向的次生组织系统，成为茎内横向的输导系统。

② **树皮**是维管形成层以外所有组织的总称，包括历年产生的周皮和一些已死的皮层、韧皮部等。狭义概念的树皮是木栓形成层历年产生的周皮的总称。茎中木栓形成层最初可以出现在表皮、表皮或皮层的外层、厚角组织，或皮层薄壁组织中，甚至发生在初生韧皮部，因种而异。在气孔下方，木栓形成层活动后产生皮孔结构，皮孔是老茎与外界进行气体交换的孔道。

③ **木材**是指维管形成层历年产生的次生木质部的总和。**年轮**是一年中只有一个生长期的形成层所产生的次生木质部，年轮中早材和晚材没有明显的界线。边材是近几年形成的次生木质部，具有输导能力。心材是较老的次生木质部，丧失了输导能力。

（6）单子叶植物的茎包括**表皮**、**基本组织**和**维管束**。表皮由一种长细胞、两种短细胞和气孔器有规律地排列而成。基本组织外围几层厚壁细胞形成坚韧的机械组织。维管束分散在基本组织中（玉米、甘蔗等），或排列为内、外两环（水稻、小麦等）。

（7）禾本科植物茎尖的叶原基下面，有初生增粗分生组织，通过**初生增粗生长**，使茎节间伸长后进一步增粗。

居间生长是居间分生组织细胞分裂、生长、分化的过程，是茎、叶等器官短时间内快速伸长生长的基础。

3. 叶

叶由叶原基发育而来（外起源），发育过程包括顶端生长、边缘生长和居间生长三种方式。双子叶植物的**完全叶**包括叶片、叶柄和托叶三部分，缺其中一部分或几部分则称为**不完全叶**。禾本科植物的叶主要包括叶片和叶鞘两部分，有的在叶片、叶鞘相接处还有叶舌、叶耳和叶环，或者只具其中一种。

（1）双子叶植物叶片的结构由表皮、叶肉和叶脉三部分组成。

① **表皮**：由原表皮发育而来。叶表皮外方常被角质层覆盖，由表皮细胞、**气孔器**、表皮附属物组成。表皮细胞中一般不含叶绿体，两个肾形的保卫细胞之间的裂生胞间隙称为气孔，与叶光合作用时气体交换及叶的蒸腾作用有关。**排水器**分布于植物的叶尖和叶缘。

② **叶肉**：由基本组织发育而来，是叶片进行光合作用的主要组织。一般叶肉分化为栅栏组织和海绵组织两部分。栅栏组织紧贴上表皮，呈栅栏状排列，细胞内富含叶绿体，

光合作用强。海绵组织紧邻下表皮，细胞形状不规则，含叶绿体较少，排列疏松，胞间隙大，光合作用弱，但气体交换和蒸腾作用较强。**背腹型叶**的叶肉分化为栅栏组织和海绵组织。**等面叶**的叶肉没有分化为栅栏组织和海绵组织，或同为栅栏组织。

③ **叶脉**：主要由原形成层发育而来。叶脉主要由木质部和韧皮部等组成。主脉中具有微弱的形成层活动。

（2）单子叶禾本科植物叶片的结构也是由表皮、叶肉和叶脉三部分组成。与双子叶植物叶片的结构比较，其不同特征如下。

① 表皮由表皮细胞、泡状细胞和气孔器等有规律地排列而成。表皮细胞含有一种长细胞、两种短细胞（硅细胞、栓细胞）、泡状细胞（为运动细胞，分布在两条平行的叶脉之间的上表皮内，在横剖面上呈展开的折扇状，具较强的吸水性，可调节叶片卷展）和气孔器（由两个哑铃形的保卫细胞及其外侧的两个近似菱形的副卫细胞组成）。

② 叶肉没有栅栏组织和海锦组织的分化，具典型的等面叶特征。

③ 叶脉为平行叶脉，叶脉内的维管束是有限外韧维管束，各束外围为由 1～2 层薄壁细胞或厚壁细胞组成的维管束鞘。C_4 植物维管束呈花环状。

（3）**落叶**与叶柄基部形成离区有关。离区可分化产生保护层和离层结构，叶脱落是离层细胞死亡和外力作用的结果。

4. 植物的适应性与整体性

（1）**变态器官**：在植物适应环境的过程中，有些植物营养器官的形态结构和生理功能都发生了显著变异，并且这种变异能够稳定地遗传下去，成为物种的特性，这种现象称为营养器官的变态，发生变态的器官称为变态器官。**同功器官**：凡外形相似、功能相同，但形态学上来源不同的变态器官，如茎刺、叶刺和皮刺，茎卷须和叶卷须，块茎和块根等。**同源器官**：外形与功能有差别，而形态学上来源相同的变态器官，如茎刺、茎卷须、根状茎、鳞茎等。

（2）**根茎转位**：根、茎维管组织的初生结构明显不同。在根、茎的交界处，维管组织必须从一种形式逐渐转变为另一种形式。发生转变所在的部位称为过渡区，一般是在下胚轴的一定部位。

根据植物与水分的关系，可分为旱生植物、中生植物和水生植物三大类。旱生植物的叶小而厚，角质层厚，常有蜡被或密集的表皮毛，栅栏组织小而层数多，海绵组织和胞间隙不发达。水生植物叶的表皮常无角质层和气孔，叶肉常无栅栏组织与海绵组织之分，输导组织不发达，叶脉稀疏，通气组织发达。

（二）知识结构图解

1. 双子叶植物根的发育

双子叶植物根的发育见图 2-4。

2. 芽的类型

芽的类型见图 2-5。

3. 双子叶植物茎的发育

双子叶植物茎的发育见图 2-6。

4. 双子叶植物叶的结构

双子叶植物叶的结构见图 2-7。

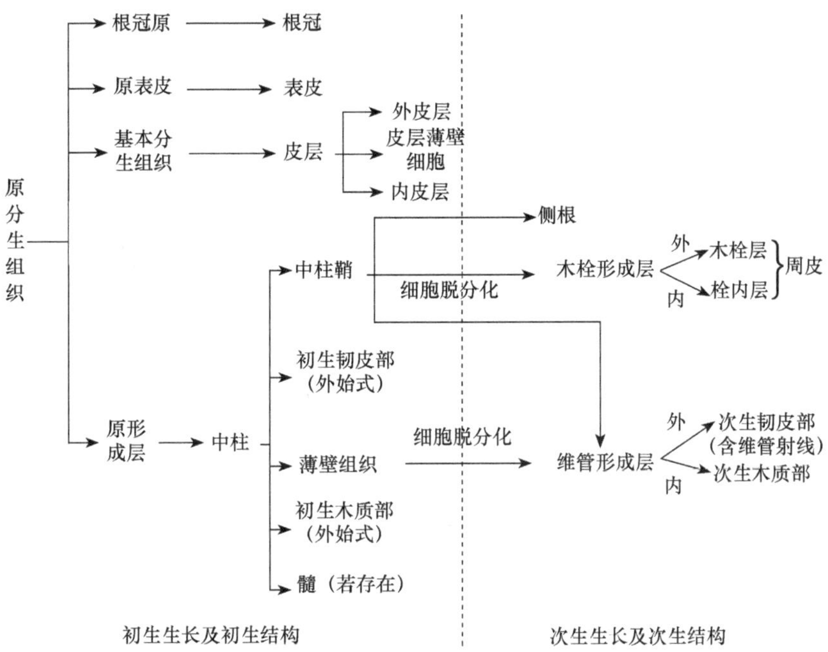

图 2-4　双子叶植物根的发育

- 芽的类型
  - 位置
    - 定芽
      - 顶芽：生长在茎或枝条顶端
      - 侧芽（腋芽）：生长在叶腋处
    - 不定芽
  - 结构
    - 叶芽：发育为营养枝
    - 花芽：花或花序
    - 混合芽：同时发育为枝、叶和花或花序
  - 鳞片
    - 裸芽：无芽鳞包被
    - 被芽（磷芽）：芽磷包被
  - 活动状态
    - 活动芽：生长季节中可以萌发的芽
    - 休眠芽：生长季节中不萌发的芽

图 2-5　芽的类型

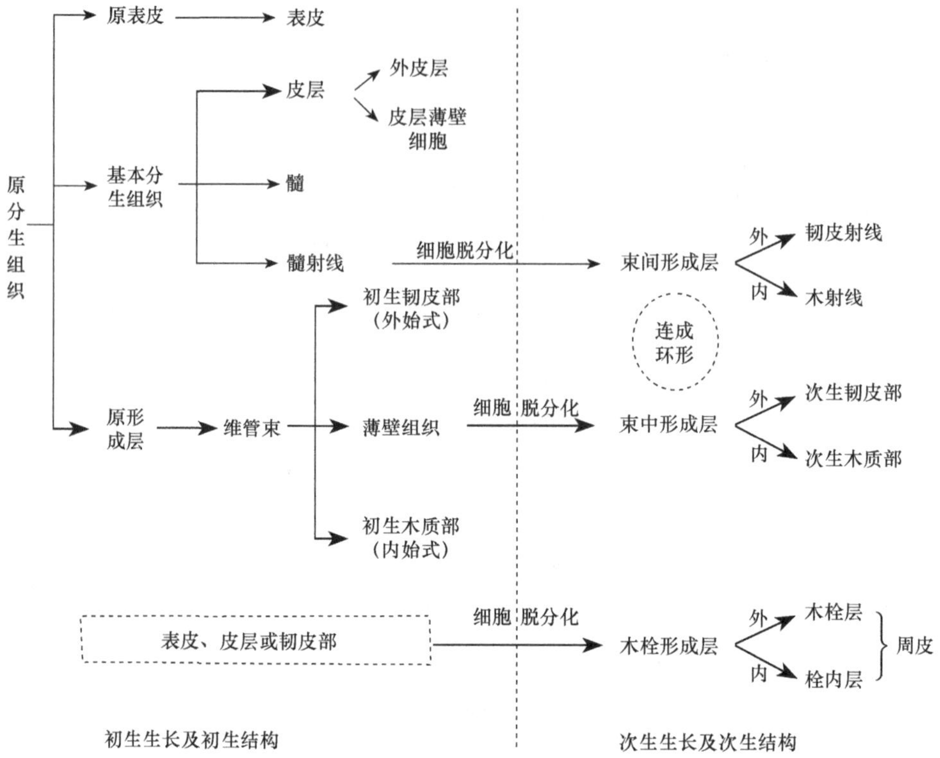

图 2-6 双子叶植物茎的发育

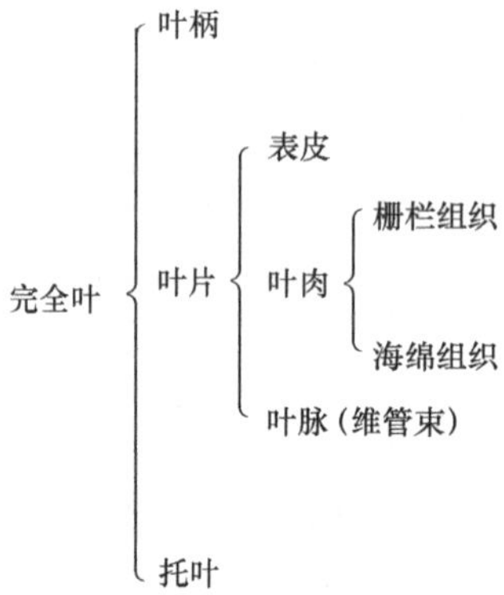

图 2-7 双子叶植物叶的结构

二、思考与练习

（一）名词解释

1. 定根 2. 不定根 3. 凯氏带 4. 通道细胞 5. 根瘤 6. 菌根 7. 分蘖 8. 外始式 9. 内始式 10. 年轮 11. 树皮 12. 同功器官 13. 离层 14. 叶痕 15. 根系 16. 同源器官

（二）判断题

1. 根毛与侧根在发生上是相同的。(　　)

2. 定根和不定根都是主根内部侧向生出的支根，因此被称为侧根。(　　)
3. 菌根是真菌与植物根形成的共生结构。(　　)
4. 通道细胞是薄壁细胞。(　　)
5. 主根上形成的根称为不定根。(　　)
6. 直根系多为深根系，须根系多为浅根系。(　　)
7. 大多数双子叶植物的根可进行次生生长，使根增粗以增强其吸收功能。(　　)
8. 根的中柱鞘细胞具有凯氏带结构。(　　)
9. 根瘤和菌根是某些高等植物根部所形成的共生结构。(　　)
10. 顶芽活动占优势，形成直立的主轴，而侧枝较不发达的分枝方式称为单轴分枝。(　　)
11. 幼茎呈现绿色是由于在茎的表皮细胞中含有叶绿体。(　　)
12. 水稻茎的维管束属于有限维管束。(　　)
13. 茎中初生木质部和初生韧皮部的成熟方式不同，前者为内始式，后者为外始式。(　　)
14. 维管形成层向外分裂形成次生木质部、向内分裂形成次生韧皮部，共同形成次生维管组织。(　　)
15. 木射线和韧皮射线在根或茎的次生结构中起横向输导作用。(　　)
16. 种子植物的分枝方式主要有单轴分枝、合轴分枝、二叉分枝、假二叉分枝、分蘖等。(　　)
17. 茎中木栓形成层，最初可以出现在表皮、表皮或皮层的外层、厚角组织，或皮层薄壁组织中，甚至发生在初生韧皮部，因种而异。(　　)
18. 木本植物心材和边材中的导管都是死细胞，但边材中的导管有输导功能，而心材中的导管失去了输导功能。(　　)
19. 木本植物的维管形成层在一年中只活动一次，形成的次生木质部的总和称年轮。(　　)
20. 年轮是指季节性变化明显的地区，茎中历年形成的次生木质部的总和。(　　)
21. 维管形成层的纺锤状原始细胞切向分裂，向外产生次生韧皮部，向内产生次生木质部，成为茎中横向的输导系统。(　　)
22. 根与茎的木栓形成层最早起源于中柱鞘。(　　)
23. 边材属次生木质部，心材属初生木质部。(　　)
24. 判断枝条的生长龄，可看芽鳞痕，而计算大树的生长龄，则可看年轮数。(　　)
25. 具有复表皮、气孔窝等结构的叶通常较适应于旱生环境。(　　)
26. 叶中脉的韧皮部靠近上表皮，木质部靠近下表皮。(　　)
27. 单子叶植物叶片中泡状细胞分布在叶片的下表皮。(　　)
28. 完全叶是指表皮、叶肉、叶脉三部分结构都具有的叶。(　　)
29. 皮孔是表皮上的通气组织。(　　)
30. 单子叶植物的叶脉多为平行脉。(　　)
31. 表皮是分布于植物体表具有保护作用的次生保护组织。(　　)
32. 双子叶植物的叶脉多为网状脉。(　　)
33. 水稻等叶片缺水时可向上卷曲，原因是其叶片上表皮具有运动细胞。(　　)
34. 叶片呈现绿色是由于其表皮细胞中含有大量的叶绿体。(　　)
35. 胡萝卜的次生木质部发达，萝卜的次生韧皮部发达。(　　)

36. 食用的生姜和藕都是茎的变态，属于根状茎。(　　)
37. 豌豆与葡萄的卷须都具有攀缘功能，因此称为同功器官。(　　)
38. 只要叶肉分化出栅栏组织或海绵组织中的一种，则该叶片就被称为异面叶。(　　)

（三）单项选择题

1. 植物幼根的表皮细胞外壁向外突出，形成根毛，其功能主要是(　　)。
A. 保护　B. 吸收　C. 分泌　D. 输导
2. 在茎尖和根尖的初生结构比较中，正确的是(　　)。
A. 均在成熟区分化出维管组织　B. 均有明显的内皮层结构
C. 木质部的发育方向均为内始式　D. 均为有限外韧维管束
3. 水稻、小麦等的拔节、抽穗及雨后春笋等的生长主要是(　　)活动的结果。
A. 顶端分生组织　B. 居间分生组织
C. 侧生分生组织　D. 原分生组织
4. 植物根和茎中，大部分初生组织在次生生长产生的压力下遭受破坏，但(　　)例外。
A. 初生木质部　B. 初生韧皮部　C. 表皮　D. 维管束
5. 初生茎上的叶和芽的发生属于(　　)。
A. 内起源　B. 外起源　C. 内始式　D. 外始式
6. 如果你想通过徒手切片观察植物根的初生结构，最佳的切片位置应该是(　　)。
A. 根冠区　B. 伸长区　C. 下胚轴　D. 成熟区
7. 有关根毛和侧根的比较，哪一项是错误的？(　　)
A. 根毛是单细胞，侧根是多细胞的
B. 侧根是由中柱鞘等向外分裂而成的
C. 根毛是由表皮细胞向外突出而成的
D. 整个植物根系的表皮细胞都能长根毛
8. 豆科植物根瘤的主要作用是(　　)。
A. 吸收　B. 固氮　C. 合成　D. 贮藏
9. 菌根是由(　　)和植物的根所形成的共生体。
A. 细菌　B. 真菌　C. 放线菌　D. 寄生根
10. 下列关于禾本科植物根的初生结构描述不正确的是(　　)。
A. 外皮层薄壁细胞厚壁化　B. 内皮层细胞内五面增厚结构
C. 初生木质部为多原型　D. 保留有分裂能力的薄壁细胞
11. 具有根毛的幼根表皮属于(　　)。
A. 初生保护组织　B. 次生保护组织
C. 基本分生组织　D. 分泌组织
12. 符合“细胞小、排列紧密、壁薄、核大、质浓”等细胞特征的根尖分区是(　　)。
A. 根冠区　B. 分生区　C. 伸长区　D. 根毛区
13. 根瘤细菌与豆科植物根的关系是(　　)。
A. 共生　B. 寄生　C. 腐生　D. 竞争
14. 被子植物维管组织间的过渡区存在于(　　)。
A. 茎、叶之间　B. 根、茎之间　C. 枝、叶之间　D. 果实、种子之间

15. 下列根尖分区中，可明显观察出根的初生结构组成的区是（　　）。

A. 根冠区　B. 分生区　C. 伸长区　D. 成熟区

16. 根的吸收作用主要在（　　）完成。

A. 根冠　B. 分生区　C. 伸长区　D. 成熟区

17. 一般情况下，只在植物根的初生结构中才明显观察到的结构是（　　）。

A. 表皮　B. 皮层　C. 内皮层　D. 维管束

18. 禾本科植物根的内皮层细胞在发育后期常内五面增厚，只有（　　）不增厚。

A. 横壁　B. 径向壁　C. 外切向壁　D. 内切向壁

19. 在大多数双子叶植物根中，木栓形成层产生于（　　）。

A. 表皮　B. 皮层　C. 内皮层　D. 中柱鞘

20. 水杉的分枝方式属于（　　）。

A. 单轴分枝　B. 合轴分枝　C. 假二叉分枝　D. 分蘖

21. 植物的一个年轮包括（　　）。

A. 心材和边材　B. 早材和晚材　C. 硬材和软材　D. 树皮和木材

22. 着生在枝条顶端的芽属于（　　）。

A. 定芽　B. 不定芽　C. 腋芽　D. 潜伏芽

23. 主茎顶芽不断向上生长形成主干，侧芽形成侧枝，这种分枝方式是（　　）。

A. 单轴分枝　B. 合轴分枝　C. 二叉分枝　D. 分蘖

24. 茎的初生韧皮部的发育方式为（　　）。

A. 内始式　B. 外始式　C. 外起源　D. 内起源

25. 树皮剥去后，树就会死亡，是因广义的树皮不仅包括周皮还有（　　）。

A. 边材　B. 心材　C. 韧皮部　D. 表皮

26. 茎中初生射线是指（　　）。

A. 髓射线　B. 维管射线　C. 木射线　D. 韧皮纤维

27. 年轮是指季节性明显地区一年中所形成的（　　）的总和。

A. 次生木质部　B. 次生韧皮部　C. 初生木质部　D. 初生韧皮部

28. 周皮上的通气结构是（　　）。

A. 气孔　B. 皮孔　C. 穿孔　D. 纹孔

29. 茎内起径向输导作用的是（　　）。

A. 髓射线　B. 维管射线　C. 木质部　D. 韧皮部

30. 棉花老根横切面，从外向内可依次观察到的结构是（　　）。

A. 周皮→次生韧皮部→维管形成层→次生木质部→初生木质部

B. 周皮→次生木质部→维管形成层→次生韧皮部→初生木质部

C. 周皮→初生木质部→次生韧皮部→维管形成层→次生木质部

D. 周皮→次生韧皮部→维管形成层→初生木质部→次生木质部

31. 具有对生叶的植物，在顶芽停止生长或分化成花芽后，由顶芽下两个对生的腋芽同时生长，新枝顶芽、侧芽的生长活动与母枝相同，这种分枝方式称为（　　）。

A. 单轴分枝　B. 合轴分枝　C. 假二叉分枝　D. 二叉分枝

32. 双子叶植物茎中维管形成层的发生部位位于（　　）。
A. 表皮和皮层　　B. 皮层和维管束
C. 维管束和髓射线　　D. 髓射线和髓
33. 以下描述中不符合禾本科植物茎结构特点的是（　　）。
A. 内皮层细胞常内五面加厚　　B. 没有周皮的形成
C. 不能进行次生生长　　D. 外皮层通常厚壁化
34. 枝条是（　　）。
A. 长叶的茎　　B. 变态的茎　　C. 变态的叶　　D. 变态的长枝
35. 叶片结构中的栅栏组织属于（　　）。
A. 保护组织　　B. 分生组织　　C. 基本组织　　D. 机械组织
36. 异面（背腹型）叶中，具有明显的形态分化差异的结构部位是（　　）。
A. 表皮　　B. 叶肉　　C. 叶脉　　D. 叶柄
37. 以下植物的叶片结构组成中具有泡状细胞的是（　　）。
A. 大豆　　B. 棉花　　C. 毛茛　　D. 水稻
38. 某些禾本科植物在水分过度散失时叶片会向上卷起，这与叶片表皮内的泡状细胞具有大液泡有关，下列分析不正确的是（　　）。
A. 这些泡状细胞排列成行，与叶脉平行
B. 这些泡状细胞只分布在上表皮
C. 泡状细胞失水导致叶片卷起与植物的适应性无关
D. 泡状细胞内的大液泡为叶片贮存水分的重要结构
39. 完全叶是由（　　）所组成的。
A. 叶片　　B. 叶柄　　C. 托叶　　D. 前三者
40. 下列哪一结构不是旱生植物叶的特征？（　　）
A. 泡状细胞　　B. 复表皮　　C. 气孔窝　　D. 厚角质层
41. 禾本科植物叶片和叶鞘相接处腹面的、膜质的、向上突起的片状结构为（　　）。
A. 叶环　　B. 叶枕　　C. 叶舌　　D. 叶耳
42. 下列哪一性状是水生植物叶片的典型特征？（　　）
A. 通气组织发达　　B. 叶片多茸毛
C. 输导组织发达　　D. 机械组织发达
43. 叶片较大而薄，表皮的角质层薄，气孔较少，是（　　）叶的特点。
A. 沉水植物　　B. 旱生植物　　C. 阴地植物　　D. 阳地植物
44. C_3 植物的叶区别于 C_4 植物的主要特征是（　　）。
A. 前者的维管束鞘一般为两层细胞
B. 后者的维管束鞘一般为两层细胞
C. 前者具有栅栏组织和海绵组织的分化
D. 后者具有栅栏组织和海绵组织的分化
45. 以下细胞类型中属于多数禾本科植物叶片组成中特有的是（　　）。
A. 表皮细胞　　B. 叶肉细胞　　C. 输导组织细胞　　D. 泡状细胞

46．水稻、玉米等禾本科植物叶的脉序为（　　）。
A．网状脉　B．掌状脉　C．弧状脉　D．平行脉

47．下列对应关系正确的是（　　）。
A．土豆—根的变态　B．萝卜—茎的变态
C．红薯—根的变态　D．荷—叶的变态

48．洋葱的食用部分主要为（　　）。
A．鳞叶　B．球茎　C．肉质茎　D．球茎

49．萝卜的变态根中哪一部分比较发达？（　　）
A．表皮　B．韧皮部　C．木质部　D．髓

50．下列植物的变态器官中与马铃薯块茎为同功器官的是（　　）。
A．山芋　B．洋葱　C．刺槐　D．仙人掌

51．下列植物变态根的主要食用部分是次生木质部的是（　　）。
A．胡萝卜　B．萝卜　C．甜菜　D．榕树

52．下列组合中属于同功器官的是（　　）。
A．藕根状茎与皂荚茎刺　B．南瓜茎卷须与豌豆叶卷须
C．山芋块根与菟丝子寄生根　D．刺槐托叶刺与猪笼草叶捕虫器

（四）填空题

1．根尖可分成 ________、________、________ 和 ________ 4 部分，根的吸收功能主要在 ________。

2．根尖的初生分生组织初步分化为 ________、________ 和 ________ 三部分，然后分别发育成 ________、________ 和 ________ 等初生结构。

3．一般情况下，双子叶植物根内皮层细胞的横向壁和 ________ 向壁上常出现木质化或栓质化增厚的带状结构，这一结构称为 ________。

4．在根中，其初生木质部的发育方式为 ________，而在茎中，其初生木质部的发育方式则为 ________。

5．定根包括 ________ 和侧根，侧根起源于 ________。

6．禾本科植物的根中没有 ________ 和 ________，所以不能进行次生生长。

7．植物的主根由 ________ 发育而来，主根上可以产生 ________ 根，根据其发生部位，两者均可称为 ________。

8．禾本科植物根的基本结构中内皮层细胞的细胞壁呈 ________ 增厚结构。

9．按照活动状态的不同，芽可分为 ________ 芽和 ________ 芽。

10．禾本科植物茎中的维管束有 ________，没有 ________，这种维管束属于有限维管束。

11．种子植物的分枝方式主要有 ________ 分枝（如水杉、白杨）、________ 分枝（如葡萄、拐枣、棉花果枝）、________ 分枝（如丁香、栀子）和 ________（如水稻、小麦）等。

12．少数木本植物在生长后期，虽然出现空心树干但仍能存活，是由于空心部分主要是 ________，已不具有输导功能，而具有输导功能的部分是靠近维管形成层的 ________。

13．茎、叶等表皮上气体进出植物体的裂生胞间隙称 ________，树木枝干表面肉眼可见的茎与外界交换气体的小突起称 ________。

14．根据芽鳞的有无，芽可分为 ________ 和 ________。枝条顶端鳞芽开放后形成

的环状痕迹称 ________。

15. 双子叶植物根的初生结构中，位于初生木质部辐射角尖端的为 ________，是较早分化成熟的；靠近轴心的部分是 ________，是较晚分化的。

16. 双子叶植物的维管束通常由 ________、________ 和 ________ 三部分组成。

17. 双子叶植物茎的维管柱由 ________、________ 和髓射线构成。

18. 在双子叶植物较粗的老根中，位于次生木质部和次生韧皮部中呈径向排列的薄壁细胞分别称为 ________ 和 ________，具有横向运输水分和养料的功能。

19. 在茎的初生结构中，初生木质部的分化成熟方式称为 ________，先分化出来的是 ________ 木质部，后分化出来的是 ________ 木质部，初生韧皮部的分化成熟方式为 ________。

20. 禾本科植物茎节间的横切面结构可分为 ________、________ 和 ________ 三部分。

21. 双子叶植物茎中的维管形成层是由 ________ 和 ________ 两部分连接而成的。

22. "树皮"是 ________ 以外所有组织的总称。

23. 木栓形成层为次生分生组织，其分裂活动向内形成 ________，向外形成 ________，三者共同构成 ________；在气孔下方，木栓形成层活动后产生 ________ 结构，是老茎与外界进行气体交换的通道。

24. 维管形成层的细胞有两种，即 ________ 原始细胞和 ________ 原始细胞。

25. 背腹型叶的叶肉分化为 ________ 和 ________。

26. 叶片表皮上的气孔，一般由两个 ________ 细胞围成，与叶进行 ________ 交换及 ________ 作用有关。

27. 在叶将落时，叶柄基部或近基部的部分薄壁组织细胞分裂或细胞解离，这个区域可被称为 ________。

28. 双子叶植物的完全叶包括 ________、________ 和 ________ 三部分，缺其一则称为 ________。

29. 水稻、小麦的叶通常有叶片、________、叶舌、________ 和叶枕 5 部分。

30. 单子叶植物的子叶数多数为 ________，根系类型多数为 ________，维管束类型常为 ________ 维管束，叶脉类型多为 ________。

31. 叶序的类型一般有 ________、________ 和 ________ 三种。

32. 下列植物的变态器官名称分别为：胡萝卜 ________；马铃薯 ________；生姜 ________；仙人掌 ________；豌豆 ________；山芋 ________。

33. 写出下列植物变态器官的类型：荸荠的变态茎 ________；猪笼草的变态叶 ________。

34. 藕和马铃薯的地下食用部分都是营养器官的变态，其变态类型分别为 ________ 和 ________。

（五）填图题

1. 填写下列植物模式结构简图（图 2-8）的结构名称并回答相关问题。

（1）请正确标示图 2-8 中各数字所表示的结构名称：

1. ________ 2. ________ 3. ________ 4. ________ 5. ________ 6. ________ 7. ________ 8. ________ 9. ________ 10. ________ 11. ________ 12. ________ 13. ________ 14. ________ 15. ________ 16. ________ 17. ________ 18. ________ 19. ________ 20. ________

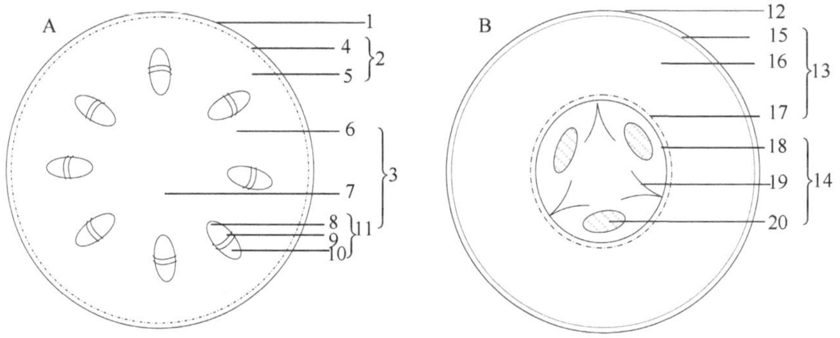

图 2-8　植物模式结构简图

（2）图 A 表示 ________（双 / 单）子叶植物 ________（根 / 茎）的初生结构简图，图 B 表示 ________（双 / 单）子叶植物 ________（根 / 茎）的初生结构简图。

（3）图 A/B 中能够发生侧根的部位是数字 ________；厚角组织所在部位是数字 ________；图 A/B 中发育成熟方式为外始式的数字是 ________；发育方式为内始式的数字是 ________。

（4）图 A/B 中导管存在于数字 ________；筛管存在于数字 ________；伴胞存在于数字 ________；叶绿体存在于数字 ________；凯氏带存在于数字 ________；角质层存在于数字 ________。

（5）图 A/B 中来源于原表皮的是数字 ________；来源于基本分生组织的是数字 ________；来源于原形成层的是数字 ________。图 B 中木栓形成层最初来源于数字 ________。

（6）淀粉鞘存在于图 ________（A/B）；腺毛存在于图 ________（A/B）；节和节间存在于图 ________（A/B）。

2．填写下列禾本科植物茎及一个维管束结构图（图 2-9）的名称。

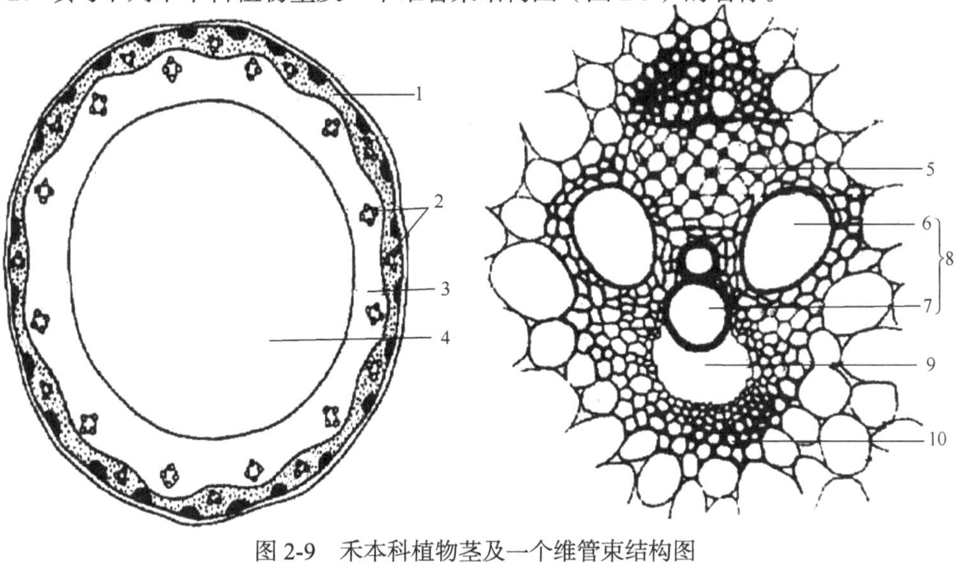

图 2-9　禾本科植物茎及一个维管束结构图

（1）请正确标示图中各数字所表示的结构名称：

1. ________2. ________3. ________4. ________5. ________6. ________7. ________
8. ________9. ________10. ________

（2）该维管束属于 ________（有限 / 无限）维管束；具有通气组织功能的数字是 ________。

3．填写下列苜蓿茎横切结构详图（图 2-10）的各部分名称。

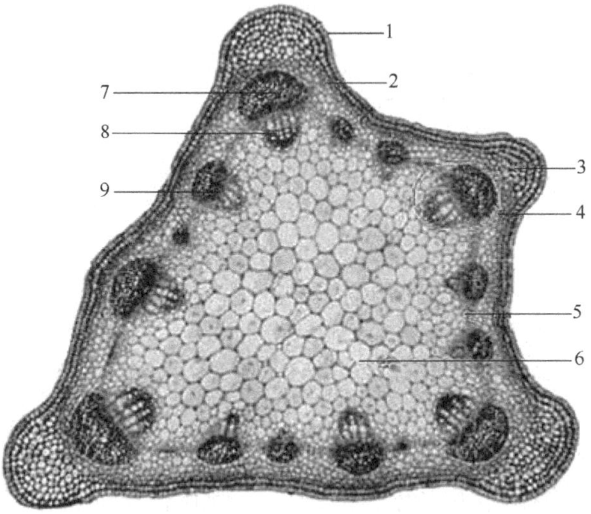

图 2-10　苜蓿茎的结构

（1）请正确标示图中各数字所表示的结构名称：

1. ________2. ________3. ________4. ________5. ________6. ________7. ________8. ________9. ________

（2）由苜蓿茎的结构特征可判断其是 ________ 子叶植物；该维管束属于 ________（有限 / 无限）维管束；叶绿体存在于数字 ________；运输水分和无机盐的结构存在于数字 ________；运输光合产物的结构存在于数字 ________；能够进行横向运输的结构存在于数字 ________。

4．填写下列小麦叶片横切面（图 2-11）的结构名称。

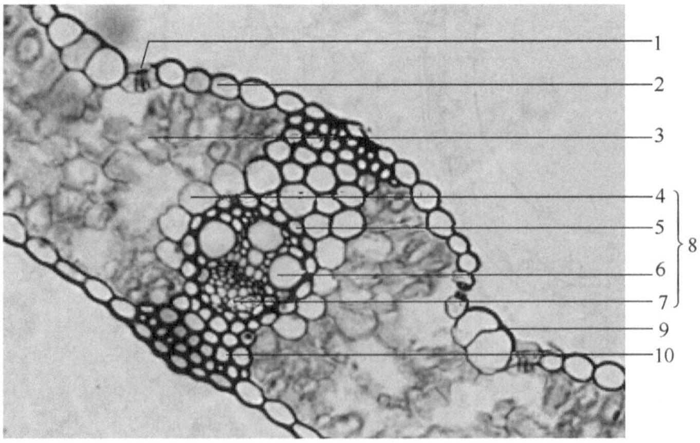

图 2-11　小麦叶片横切面

（1）请正确标示图中各数字所表示的结构名称：

1. ________2. ________3. ________4. ________5. ________6. ________7. ________
8. ________9. ________10. ________

（2）由小麦叶的结构特征可判断小麦属于等面叶还是异面叶？ ________

5．填写下列棉叶（中脉）横切面（图 2-12）各部分结构的名称。

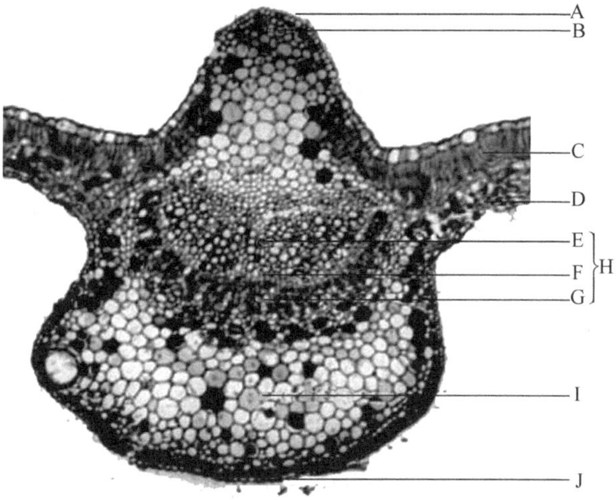

图 2-12　棉叶（中脉）横切面

A. ______B. ________C. ________D. ________E. ________F. ________G. ________
H. ________I. ________J. ________

6．填写下列双子叶植物茎次生结构的名称（图 2-13）。

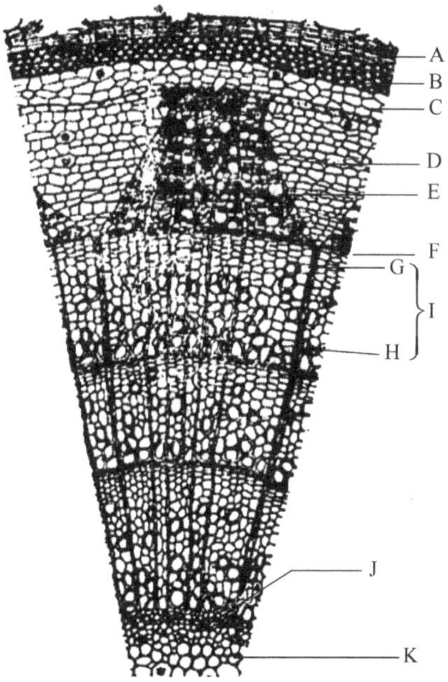

图 2-13　双子叶植物茎次生结构简图

A. ________B. ________C. ________D. ________E. ________F. ________G. ________
H. ________I. ________J. ________K. ________

（六）简答题

1. 根尖分为哪几个区？各区有何主要特征？

2. 简述双子叶植物与单子叶植物根初生结构的异同。

3. 简述双子叶植物根的次生结构及其发生过程。

4. 简述双子叶植物根内皮层的结构特点。

5. 绘图或列表说明双子叶植物根的初生结构及各部分的功能。

6. 什么是芽？芽可分为哪些类型？如何区分定芽和不定芽？

7. 茎尖是如何分区的？各区有何特点？

8. 列表比较双子叶植物根和双子叶植物茎初生结构的主要区别。

9. 维管形成层细胞由哪两类细胞组成？分别描述其分裂特性及分裂后产生的结构及其作用。

10. 什么是皮孔？其结构特点如何？

11. 试用所学的知识解释为什么“树怕剥皮”。

12. 简述双子叶植物叶片的结构组成及各部分结构特征。

13. 以水稻为例，简要叙述禾本科植物叶片的结构特点。

14. 植物的叶为什么会脱落？试解释其原因。

三、参考答案

（一）名词解释

1. 定根：由胚根或母根特定部位发育来的根，包括主根和侧根。

2. 不定根：在茎、叶、老根或胚轴上生出的根，因其着生位置不固定，故称为不定根。

3. 凯氏带：双子叶植物根的初生结构中内皮层细胞的径向壁和横向壁上的一条木质化、栓质化的带状增厚结构。

4. 通道细胞：单子叶植物根内皮层细胞大多内五面增厚，只有少数对应于木质部脊处的内皮层细胞，保持初期发育阶段的结构，即细胞壁不增厚，这些细胞称为通道细胞。通道细胞是皮层与维管柱间物质交流的通道。

5. 根瘤：由根瘤细菌、放线菌侵染根部细胞而形成的瘤状结构，一般具有固氮作用。

6. 菌根：某些真菌与某些高等植物根部所形成的共生结构，促进根部的吸收。

7. 分蘖：禾本科等植物在基部密集的节上发生分枝的方式。

8. 外始式：根的初生木质部等由外向内依次分化成熟的发育方式。

9. 内始式：茎的初生木质部等由内向外依次分化成熟的发育方式。

10. 年轮：一年中只有一个生长期的形成层所产生的次生木质部的总称。

11. 树皮：维管形成层以外的所有结构成分，或是粗老树干外围的保护组织（周皮）的总称。

12. 同功器官：外形相似、功能相同，但形态学上来源不同的变态器官。

13. 离层：叶柄基部或近基部薄壁细胞的细胞壁或其整个细胞解离，导致叶从茎上脱落的区域。

14. 叶痕：木本植物枝条上叶片脱落后在茎上留下的瘢痕。

15. 根系：一株植物所有根的总和。

16. 同源器官：外形与功能有差别，而形态学上来源相同的变态器官。

（二）判断题

1. F　2. F　3. T　4. T　5. F　6. T　7. F　8. F　9. T　10. T　11. F　12. T　13. T　14. F　15. T　16. F　17. T　18. T　19. T　20. F　21. F　22. F　23. F　24. T　25. T　26. F　27. F　28. F　29. F　30. T　31. F　32. T　33. T　34. F　35. F　36. T　37. T　38. F

（三）单项选择题

1. B　2. A　3. B　4. A　5. B　6. D　7. D　8. B　9. B　10. D　11. A　12. B　13. A　14. B　15. D　16. D　17. C　18. C　19. D　20. A　21. B　22. A　23. A　24. B　25. C　26. A　27. A　28. B　29. B　30. A　31. C　32. C　33. A　34. A　35. C　36. B　37. D　38. C　39. D　40. A　41. C　42. A　43. A　44. A　45. D　46. D　47. C　48. A　49. C　50. A　51. B　52. B

（四）填空题

1. 根冠，分生区，伸长区，成熟区，成熟区　2. 原表皮，基本分生组织，原形成层，表皮，皮层，维管柱（中柱）　3. 径，凯氏带　4. 外始式，内始式　5. 主根，中柱鞘　6. 维管形成层，木栓形成层　7. 胚根，侧，定根　8. 内五面　9. 活动，休眠　10. 维管束鞘，形成层　11. 单轴，合轴，假二叉，分蘖　12. 心材，边材　13. 气孔，皮孔　14. 鳞芽，裸芽，芽鳞痕　15. 原生木质部，后生木质部　16. 木质部，韧皮部，形成层　17. 维管束，髓　18. 木射线，韧皮射线　19. 内始式，原生，后生，外始式　20. 表皮，维管束，基本组织　21. 束中形成层，束间形成层　22. 维管形成层　23. 栓内层，木栓层，周皮，皮孔　24. 纺锤状，射线　25. 栅栏组织，海绵组织　26. 保卫，气体，蒸腾　27. 离区　28. 叶片，叶柄，托叶，不完全叶　29. 叶鞘，叶耳　30. 1，须根系，有限，平行脉　31. 互生，对生，轮生　32. 肉质直根，块茎，根状茎，肉质茎/叶刺，叶卷须，块根　33. 球茎，变态叶　34. 根状茎，块茎

（五）填图题

1.（1）1. 表皮　2. 皮层　3. 维管柱　4. 外皮层　5. 皮层薄壁细胞　6. 髓射线　7. 髓　8. 初生木质部　9. 束中形成层　10. 初生韧皮部　11. 维管束　12. 表皮　13. 皮层　14. 维管柱　15. 外皮层　16. 皮层薄壁细胞　17. 内皮层　18. 中柱鞘　19. 初生木质部　20. 初生韧皮部

（2）双，茎，双，根

（3）18，4，10、19 和 20，8

（4）8 和 19，10 和 20，10 和 20，4，17，1

（5）1 和 12，2 和 13，3 和 14，18

（6）A，A，A

2.（1）1. 表皮　2. 维管束　3. 基本组织　4. 髓腔　5. 初生韧皮部　6. 后生木质部导管　7. 原生木质部导管　8. 初生木质部　9. 气隙　10. 维管束鞘

（2）有限，4 和 9

3.（1）1. 表皮　2. 外皮层　3. 机械组织　4. 皮层薄壁细胞　5. 髓射线　6. 髓　7. 初生韧皮部　8. 初生木质部　9. 束中形成层

（2）双，无限，2，8，7，5

4.（1）1. 保卫细胞、气孔（器）2. 表皮　3. 叶肉　4. 维管束外鞘　5. 维管束内鞘　6. 木质部　7. 韧皮部　8. 维管束　9. 泡状细胞　10. 机械组织

（2）等面叶

5. A. 上表皮　B. 机械（厚角）组织　C. 栅栏组织　D. 海绵组织　E. 木质部　F.（维管）形成层　G. 韧皮部　H. 维管束　I. 薄壁细胞　J. 下表皮

6. A. 周皮　B. 皮层厚角组织　C. 皮层薄壁细胞　D. 韧皮射线　E. 次生韧皮部　F. 维管形成层　G. 晚材　H. 早材　I. 年轮　J. 初生木质部　K. 髓

（六）简答题

1. 答：根尖从顶端起，可依次分为根冠、分生区、伸长区和根毛区（成熟区）4个区。

根冠：位于根尖先端，由生活的薄壁细胞构成的冠状结构，覆盖于分生区之外，有保护根尖和根的向地性生长的作用。

分生区：大部分由根冠包围，由顶端分生组织构成，是产生新细胞的主要部位，故又称为生长点。它由以下两部分组成：原分生组织，位于分生区先端；初生分生组织，分化为原表皮、原形成层、基本分生组织三部分。

伸长区：是由分生区分裂的细胞初步分化而来的。该区的许多细胞迅速伸长生长，加上分生区不断分裂产生新细胞，便成为根尖向下伸展的推动力。在其上方的内部已分化出筛管和导管。

根毛区（成熟区）：由伸长区的细胞生长分化而来，是根初生结构所在部位。根表皮细胞的外壁向外凸起形成根毛，内部细胞分化出皮层和中柱结构。成熟区是根部吸收水肥的主要部位。

2. 答：共同点为，均由表皮、皮层和维管柱三部分组成；成熟区表皮具根毛，皮层有外皮层、皮层薄壁细胞和内皮层；维管柱有中柱鞘；初生维管组织的发育顺序、排列方式相同。不同点为，单子叶植物的内皮层不是停留在凯氏带阶段，而是继续发展，成为内五面增厚（木质化和栓质化）。仅少数位于木质部脊处的内皮层细胞，仍保持初期发育阶段的结构，即细胞不具凯氏带增厚，此为通道细胞。初生木质部为多元型。维管柱内薄壁细胞不具有分裂能力。

3. 答：大多数双子叶植物根可进行次生生长，形成次生结构。根的次生结构是次生分生组织维管形成层和木栓形成层活动的结果。维管形成层发生于初生木质部和初生韧皮部之间的薄壁细胞（保留下来的一部分原形成层细胞）和正对初生木质部辐射角外侧的维管柱鞘细胞，经过弧形、波状，最后形成圆环状的维管形成层，维管形成层向内分裂的细胞分化形成次生木质部，向外分裂的细胞分化形成次生韧皮部，使根增粗。木栓形成层最初由维管柱鞘细胞恢复分裂能力产生，木栓形成层细胞向外侧、内侧分裂的细胞分化分别产生木栓层和栓内层，三者构成周皮。

4. 答：皮层最内一层细胞，较整齐排列成一环，其细胞在径壁和横壁上有一条木栓化的带状加厚，称凯氏带。凯氏带与细胞质紧密结合使土壤溶质由皮层进入中柱时，只能通过有选择性的细胞质膜，因而可以控制物质进入中柱。

5. 答：双子叶植物根的初生构造及各部分的功能见表 2-5。

表 2-5 双子叶植物根的初生构造及各部分的功能

初生构造	功能
表皮	表皮主要起吸收作用，兼有固定作用
皮层	分为外皮层、皮层薄壁组织、内皮层三部分。外皮层：初期可通过水和溶质，后期细胞壁栓化，起保护作用。皮层薄壁组织：主要起横向运输和贮藏作用，有些植物还具有通气组织。内皮层：凯氏带与细胞质紧密结合使土壤溶质由皮层进入中柱时，只能通过有选择性的细胞质膜，因而可以控制物质进入中柱
中柱	中柱鞘：部分维管形成层、木栓形成层、侧根、不定芽、乳汁管等都是起源于中柱鞘
	初生木质部：位于根的中央，由导管、管胞等组成，呈辐射状，起输导水分和矿质营养的作用
	初生韧皮部：与原生木质部相间排列。由筛管、伴胞等组成，有输导同化有机产物的功能
	薄壁组织：初生韧皮部与初生木质部之间常有少许薄壁细胞。当进行次生生长时，其中的一层细胞形成维管形成层的一部分

6. 答：芽是未发育的枝条、花和花序的原始体。芽有多种类型。按芽的结构和性质或发育后形成的器官分为叶芽、花芽和混合芽。按芽的生长位置分为定芽与不定芽。按生理活动状态分为活动芽和休眠芽。按芽鳞的有无分为裸芽和鳞芽。按芽形成的季节分为夏芽和冬芽或越冬芽。

生于枝顶或叶腋的芽是定芽，如顶芽和腋芽等；其他位置如叶片、茎段的切口处等长出来的芽都是不定芽。

7. 答：茎尖的纵切面分为以下三个区：①分生区，位于茎尖先端，由原分生组织及其衍生的初生分生组织组成。②伸长区，由分生区分裂的细胞继续生长而来，具有节和节间、幼叶、气孔器和表皮毛等附属物。③成熟区，形成各种成熟组织，构成了幼茎的初生结构，具有明显的节和节间、成熟叶、气孔器和表皮毛等附属物。

8. 答：双子叶植物根和双子叶植物茎初生结构的主要区别见表 2-6。

表 2-6 双子叶植物根和双子叶植物茎初生结构的主要区别

比较内容	双子叶植物根的初生结构	双子叶植物茎的初生结构
表皮	有根毛，细胞壁不角质化，无气孔	有表皮毛和腺毛，细胞壁角质化，有气孔
皮层	占据较大体积，内皮层细胞壁常有凯氏带增厚	占据体积较小，外皮层为厚角组织，含叶绿体，内皮层不明显，一般无特殊的增厚结构
中柱	有中柱鞘	无中柱鞘
	木质部与韧皮部相间排列（辐射维管束）	木质部与韧皮部内外并生（外韧型维管束）
	初生木质部发育成熟方式为外始式	初生木质部发育成熟方式为内始式
	多数植物不具有髓	具有髓和髓射线

9. 答：维管形成层的细胞有两种，一种是两端尖斜的长梭形细胞，称为纺锤状原始细胞；另一种是近于等径而较小的细胞，称为射线原始细胞。维管形成层活动主要是纺锤状原始细胞切向分裂，向外产生次生韧皮部，向内产生次生木质部，构成纵列的次生维管组织系统，成为茎中纵向的输导系统。射线原始细胞切向分裂产生维管射线，构成横向的次生组织系统，成为茎中横向的输导系统。

10. 答：皮孔是老茎与外界进行气体交换的孔道。其位于气孔或气孔群下方的木栓形成层。活动不向外形成木栓细胞，而是产生许多排列疏松的球状薄壁细胞，胞间隙十分发达，称补充组织。以后由于补充组织的不断增生，使其外方的组织（表皮或木栓层）胀破，形成唇形裂口，并向外突出，形成皮孔。皮孔形成后，代替气孔，为气体出入的门户，也是病虫入侵的通道。

11. 答：在植物的形态结构中，广义的树皮是包含维管形成层以外的所有结构成分，它包含了运输有机物的韧皮部，因此，树皮被剥后，切断了运输有机养料的运输通道，使植物的根部得不到有机养料的供应而逐渐死亡，使根失去功能，进而引起整个树木的枯死。

12. 答：双子叶植物的叶片，横切面可分为表皮、叶肉和叶脉三个基本部分。表皮由原表皮发育而来，是覆盖在叶片表面的初生保护组织，一般包括表皮细胞、气孔器、表皮附属物等。两个肾形的保卫细胞之间的裂生胞间隙称为气孔，与叶光合作用时气体交换及进行蒸腾作用有关。有些植物如甘薯等还具有副卫细胞。排水器分布于植物的叶尖和叶缘。叶肉由基本组织发育而来，是叶片进行光合作用的主要部分。背腹型叶的叶肉分化为栅栏组织（腹面）和海绵组织（背面）。等面叶的叶肉，则没有分化为栅栏组织和海绵组织，或上下两面都同为栅栏组织。叶脉主要由原形成层发育而来。叶脉越细，其结构越简单。

13. 答：禾本科植物叶片由表皮、叶肉和叶脉三部分组成。表皮由表皮细胞、泡状细胞和气孔器等有规律地排列而成。表皮细胞有一种长细胞和两种短细胞。泡状细胞分布在两条平行的叶脉之间的上表皮内，在横剖面上形成展开的折扇状，可调节叶片吸水与失水。气孔器由两个哑铃形的保卫细胞及其外侧的两个近似菱形的副卫细胞组成。叶肉没有栅栏组织和海绵组织的分化。禾本科植物叶脉为平行叶脉，叶脉内的维管束是有限外韧维管束，其维管束具有 2 层细胞组成的维管束鞘。

14. 答：叶的脱落是叶柄基部组织发生一系列变化的结果。植物落叶之前，靠近叶柄基部的基本组织细胞脱分化，分裂出数层较为扁小的薄壁细胞。随后，该区部分细胞的胞间层发生黏液分化而分解或初生壁解体，形成离层。离层所对应的外层表皮细胞和内部维管束的薄壁细胞的胞间层，初生壁或整个细胞发生溶解，结果使这些细胞彼此分离。发生溶解的这些细胞称为离区。在叶的重力和风吹雨打的机械作用下，叶就从枝上脱落。叶脱落是离层细胞死亡和外力作用的结果。

第四章　被子植物生殖器官的形态结构与功能

一、知识要点提示

（一）知识要点概述

1. 繁殖与繁殖方式

繁殖是植物产生新个体的生命现象，植物通过不断地产生新个体来保证物种的遗传性和稳定性。植物的繁殖方式有营养繁殖、无性生殖和有性生殖三种，**营养繁殖**是指通过植物营养体的一部分从母体分离开去，进而直接形成新个体的繁殖方式；**无性生殖**是不经过两性生殖细胞的结合，而是通过无性孢子发育产生新个体的繁殖方式；**有性生殖**则是经过生殖器官中所形成的雌、雄性生殖细胞的结合产生合子，由合子产生新个体。被子植物主要进行营养繁殖和有性生殖。

2. 花的组成

被子植物的营养生长发育到一定阶段，其顶端分生组织发生花芽分化，形成生殖器官——**花**。花由花梗、花托、花萼、花冠、雄蕊群和雌蕊群组成。花萼由萼片组成，花冠由数枚花瓣组成，具鲜艳色彩的花瓣有利于吸引昆虫传粉，花萼和花冠合称花被。雄蕊群是所有雄蕊的总称，**雄蕊**包括花丝和花丝顶端膨大的花药，花药一般具2～4个花粉囊。雌蕊群是花中**雌蕊**的总称，构成雌蕊的基本单位是心皮，心皮是适应于生殖的变态叶；一朵花中一个单生的心皮构成单雌蕊，多个心皮合生构成复雌蕊，多个单生的心皮构成离生单雌蕊。雌蕊由柱头、花柱和子房组成，子房中着生胚珠。禾本科植物的花由1枚内稃、1枚外稃、2～3枚浆片、3～6枚雄蕊和1枚雌蕊组成，数朵小花着生于小穗轴上，外由2枚颖片包被，组成小穗。

3. 雌、雄配子的形成

雄蕊原基经顶端生长和边缘生长基本完成幼期花药的发育，在幼期花药的4个角隅处形成**孢原细胞**，经有丝分裂产生**小孢子母细胞**（花粉母细胞 $2n$），每一个小孢子母细胞通过**减数分裂**，以同时型或连续型方式形成4个单核（细胞）花粉粒（小孢子 n），单核花粉粒经有丝分裂形成二细胞型（营养细胞和生殖细胞）或三细胞型（营养细胞和两个精子细胞，精子细胞为雄配子 n）成熟**花粉粒**（雄配子体 n），花粉粒外有双层壁包被，一般内壁均匀增厚，外壁较厚，其主要成分为孢粉素，常有不增厚的沟（萌发沟）或孔（萌发孔）。花粉粒的形态组成特征可作为植物分类学鉴别属种的依据。花粉粒形成的过程中，花粉囊壁组成也发生了变化，幼期由表皮、药室内壁、中层和绒毡层组成，中层和绒毡层在花粉粒形成的过程中消失，成熟期花粉粒一般仅含有表皮层和纤维层，纤维是由药室内壁的细胞出现纤维状加厚形成的。**雄性不育**是指在正常的自然条件下，由于内在生理、遗传的因素，某些植物出现花药或花粉不能正常发育甚至退化的现象。雄性不育植株可表现为三种类型：花药退化型、无花粉型和花粉败育型。

雌性生殖细胞在子房内的胚珠中形成，**胚珠**着生于子房内腹缝线延伸进一步发育形成的**胎座**上。在胚珠近珠孔端的珠心表皮皮层下方形成孢原细胞，孢原细胞可直接发育成为**大孢子母细胞**（胚囊母细胞 $2n$）或经一次有丝分裂形成周缘细胞和造孢细胞，造孢细胞再发育成**大孢子母细胞**。大孢子母细胞经过减数分裂形成4个大孢子（n），一般近珠孔端三个退化（蓼型胚囊发育方式，70%被子植物为此种类型），近合点端一个大孢子经三次有丝分裂，形成七细胞（或称八核，中央细胞由两个极核形成）**成熟胚囊**（雌配子体 n），包括合点端的3个反足细胞、胚囊中央的1个中央细胞（含2个极核），以及珠孔端的1个卵细胞（雌配子 n）和2个助细胞。

4. 传粉与受精

雌、雄性生殖细胞发育成熟后，花被片打开（开花），花粉粒由花粉囊中散出，借外力（动物或风力）传到雌蕊柱头，完成**传粉**，花的形态组成和行为特征与传粉方式相适应；花粉粒与柱头识别后，亲和的则萌发形成能到达胚囊的花粉管，花粉粒中的2个精子通过花粉管进入成熟胚囊，分别与卵细胞和中央细胞融合，完成**双受精**，形成合子和初生胚乳核。

5. 种子的发育与结构

双受精后，合子和初生胚乳核分别经有丝分裂发育成胚（包括胚芽、胚轴、胚根和子叶 4 个部分）和胚乳，珠被发育成种皮，三者共同构成**种子**，部分植物的胚乳发育后期消失，种子只由种皮和胚构成；有些植物不经过受精作用也能产生有胚的种子，称为**无融合生殖**。

6. 果实的发育与结构

心皮是被子植物特有的结构，心皮形成的子房发育成果实，保护其内的种子，使被子植物具有广泛的适应性；仅由子房发育形成的果实称为**真果**，由果皮（可分为外果皮、中果皮、内果皮）和种子两部分组成；由子房及花的其他部分（如花萼、花托等）参与形成的果实称为**假果**；有些植物的子房不经过受精作用也能发育形成无籽果实，称为**单性结实**。

7. 种子的萌发与幼苗的形成

成熟的种子在**适宜的萌发条件**下，胚由休眠状态转变为活跃生长状态，陆生植物种子萌发时，胚根先向下生长形成主根，接着胚芽在胚轴的作用下向上生长形成茎叶，发育成幼苗。

8. 本章应掌握的关键词

繁殖器官　花　孢原细胞　绒毡层　小孢子母细胞　胚珠　大孢子母细胞　花粉粒　胚囊　传粉　双受精　种子　果实

（二）知识结构图解

1. 花的组成结构图

花的组成结构见图 2-14。

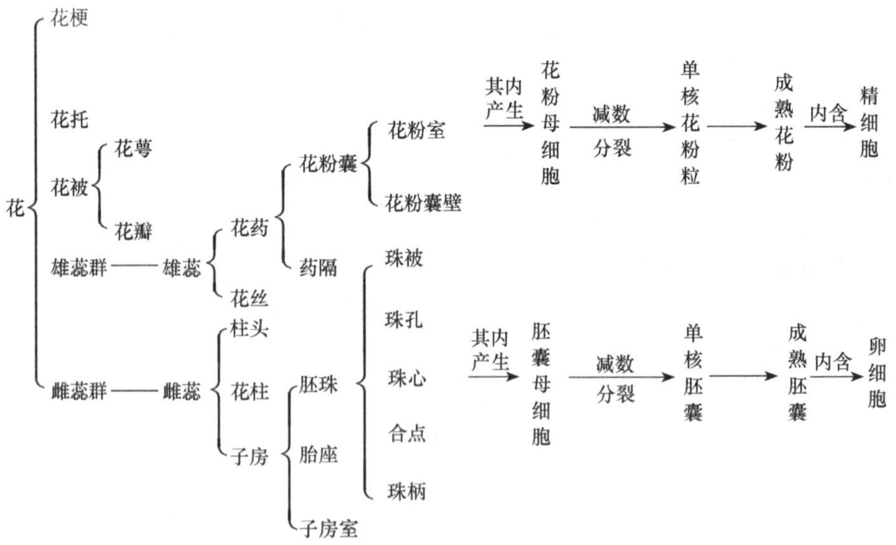

图 2-14　花的组成结构图

2. 被子植物的生活史简图

被子植物的生活史见图 2-15。

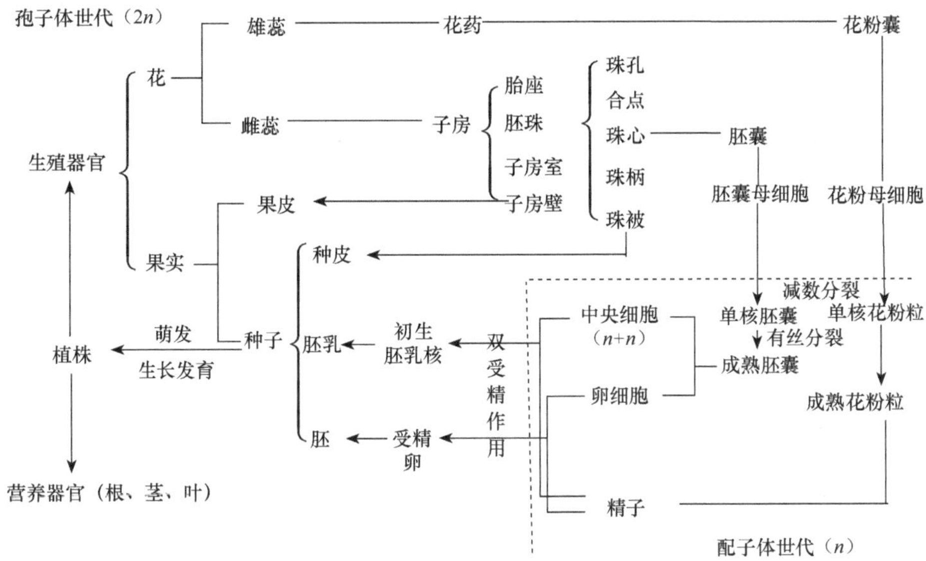

图 2-15　被子植物的生活史简图

3. 花粉囊与花粉粒的发育过程图解

花粉囊与花粉粒的发育过程见图 2-16。

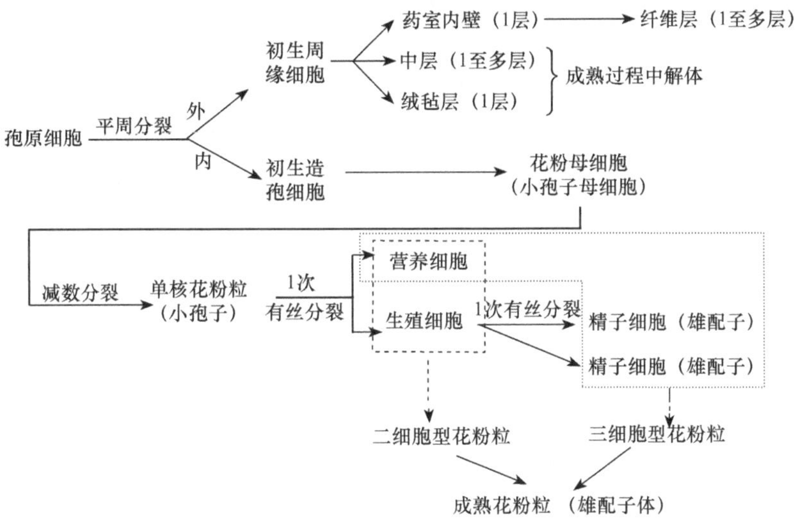

图 2-16　花粉囊与花粉粒的发育过程图解

4. 胚囊的发育过程图解

胚囊的发育过程见图 2-17。

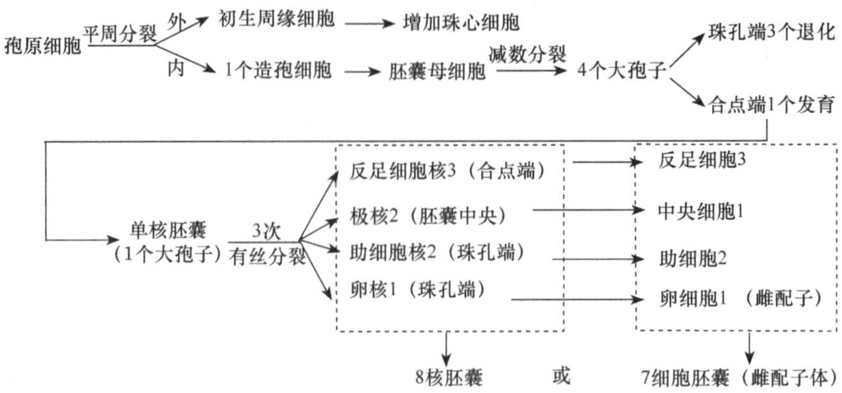

图 2-17　胚囊的发育过程图解

二、思考与练习

（一）判断题

1. 根据组成胚的子叶数目的多少，可将种子植物分为双子叶植物和单子叶植物。(　　)

2. 根据种子中胚的子叶数目，可将被子植物分为双子叶植物和单子叶植物。(　　)

3. 一般情况下种子植物的种子中只具有一个胚。(　　)

4. 一般情况下被子植物的种子中只有一个胚。(　　)

5. 胚乳中的贮藏物质是多糖类物质。(　　)

6. 种子结构组成中能够发育成植物新个体的结构是胚。(　　)

7. 禾本科植物胚结构组成中，胚芽的外方具有胚芽鞘。(　　)

8. 种子植物胚根的外方具有胚根鞘。(　　)

9. 无胚乳种子是指在种子的发育过程中没有胚乳形成过程的种子类型。(　　)

10. 蚕豆种子萌发时所需的养料由胚乳提供。(　　)

11. 玉米属于子叶留土幼苗，萌发过程中其下胚轴伸长生长缓慢或不进行伸长生长。(　　)

12. 种孔与种子的呼吸和吸胀作用密切相关。(　　)

13. 对于子叶出土幼苗类型，在生产上可适当深播，不会影响其种子萌发。(　　)

14. 种皮是由子房壁发育而成的一种保护性结构。(　　)

15. 禾本科植物的一个小穗就是一朵花。(　　)

16. 完全花是指既有雌蕊又有雄蕊的花。(　　)

17. 一朵花中由 2 个或 2 个以上的单雌蕊构成的雌蕊类型称为复雌蕊。(　　)

18. 石竹花中具一个雌蕊，由三个心皮构成，柱头分离为三部分，其雌蕊类型为离生单雌蕊。(　　)

19. 一朵花中的雌蕊群由多个心皮构成，因此又称复雌蕊。(　　)

20. 一朵花中由多个心皮构成多个单雌蕊，因此其雌蕊类型为离生单雌蕊。(　　)

21. 一朵花中由多个心皮构成一个雌蕊，因此其雌蕊类型为单雌蕊。(　　)

22. 荷花玉兰的果实为聚合蓇葖果，由此可知其雌蕊类型为离生单雌蕊。(　　)

23．苹果的果实为单果，由此可知其雌蕊类型为单雌蕊。(　　)
24．心皮是构成被子植物雌蕊的基本单位。(　　)
25．心皮与叶为同源器官。(　　)
26．雌蕊由柱头、花丝和子房三部分组成。(　　)
27．多年生植物的一生中一般可进行多次花芽分化。(　　)
28．药室内壁和纤维层是同一层细胞结构在花药发育不同阶段的不同特征体现。(　　)
29．一个花粉母细胞经过连续两次有丝分裂可产生四个精子。(　　)
30．一个花粉母细胞经过一次减数分裂可产生四个精子。(　　)
31．单核花粉粒经减数分裂可发育形成二细胞型花粉粒或三细胞型花粉粒。(　　)
32．单核花粉粒经一次有丝分裂后发育形成二细胞型花粉粒。(　　)
33．二细胞型成熟花粉粒由 2 层花粉粒壁、1 个营养细胞及 1 个精子细胞组成。(　　)
34．花粉粒是被子植物的雄配子。(　　)
35．胎座位于子房的背缝线延伸处，通常膨大，其上着生胚珠。(　　)
36．在珠心基部或其一侧，珠被、珠心和珠柄汇合的部位称为合点。(　　)
37．无融合生殖是指不经过受精作用也能发育成有种子的果实。(　　)
38．有些被子植物可以不经过受精作用也能发育成有胚的种子。(　　)
39．花粉粒较大是风媒花常具有的特征。(　　)
40．风媒花常具有鲜艳的颜色、特殊的气味，有些还能分泌蜜汁。(　　)
41．自花传粉有利于保证植物遗传的稳定性。(　　)
42．松树和玉米种子中的胚乳都是双受精的产物。(　　)
43．双受精是被子植物特有的一种生殖现象。(　　)
44．双受精是种子植物特有的一种生殖现象。(　　)
45．食用的凤梨（菠萝）果实是由花序发育而来的，故称假果。(　　)
46．苹果的果实由子房及花托等部分共同发育而来，因此属于假果。(　　)
47．被子植物种子中的胚乳结构是受精作用的产物。(　　)
48．被子植物的种子或胚珠包被在果实或心皮中，而裸子植物的胚珠和种子是裸露的。(　　)
49．桃果实食用的主要部位是中果皮。(　　)
50．配子和孢子从核相上来看，都具有单倍染色体，都是经减数分裂而形成的。(　　)
51．在被子植物生活史中，雌配子体不能独立生活，要在雌蕊中完成整个发育进程。(　　)
52．在被子植物生活史中，雄配子体在雄蕊中、雌配子体在雌蕊中完成发育进程。(　　)
53．被子植物雄（雌）配子体在雄（雌）蕊的特定结构中分别完成其整个发育过程。(　　)
54．无融合生殖能够产生有胚的种子，其所产生的后代是可育的。(　　)
55．植物经单性结实所形成的果实是无籽果实。(　　)
56．古生物学家可根据不同地质层的花粉粒特征判断古植物群情况，这是由于花粉粒外壁上的孢粉素使花粉保持着原有形貌。(　　)

57．被子植物的柱头是承接花粉的场所，也是花粉粒和雌蕊相互识别决定花粉粒萌发与否的场所。（　　）

58．被子植物种子中的胚乳都是三倍体（$3n$）。（　　）

59．花粉母细胞由初生造孢细胞发育形成。（　　）

60．花粉母细胞由初生周缘细胞发育形成。（　　）

61．多精现象和多精入卵是自然界多倍体植物的来源之一。（　　）

62．柑橘类某些品种的多胚现象多由于珠心组织参与发育成胚。（　　）

（二）单项选择题

1．“豆芽”菜食用的主要部分是幼苗萌发过程中胚根和两个“豆瓣”之间的一段类似于茎的结构，该结构在植物学上被称为（　　）。

A．胚芽　B．胚根　C．下胚轴　D．上胚轴

2．下列植物用于繁殖的结构符合植物学意义上种子概念的是（　　）。

A．水稻　B．马铃薯　C．小麦　D．大豆

3．以下对花生种子的叙述正确的是（　　）。

A．花生属于脂肪类种子

B．花生的种子具有胚乳

C．包裹在花生种子外面的硬壳是它的外种皮

D．花生的种子是由受精卵发育而来的

4．大豆为常见的双子叶植物，其胚的结构组成包括（　　）。

A．子叶，胚芽，胚轴，胚乳　B．胚芽，胚根，胚乳，胚轴

C．子叶，胚芽，胚轴，胚根　D．子叶，胚芽，胚根，胚乳

5．在种子萌发成幼苗的过程中，一般（　　）先突破种皮发育。

A．子叶　B．胚芽　C．胚轴　D．胚根

6．种子的结构组成中，（　　）是植物新个体的原始体。

A．种皮　B．胚　C．胚乳　D．子叶

7．胚轴与形成幼苗类型的关系叙述正确的是（　　）。

A．上胚轴伸长生长形成子叶出土幼苗

B．上胚轴不伸长生长形成子叶留土幼苗

C．下胚轴快速伸长生长形成子叶出土幼苗

D．下胚轴不伸长或生长有限形成子叶出土幼苗

8．以下种子结构中为禾本科植物种子所特有的是（　　）。

A．子叶　B．胚芽　C．种皮　D．胚根鞘

9．以下种子萌发过程中，首先发生的是（　　）。

A．生理生化代谢　B．物理性吸胀　C．下胚轴伸长　D．胚根突破种皮

10．减数分裂不可能发生在（　　）中。

A．胚珠　B．花药　C．花柱　D．子房

11．从进化角度分析，以下花的结构组成中最不可能从叶进化或发育而来的是（　　）。

A．雄蕊　B．花瓣　C．花萼　D．花托

12．以下被子植物结构与生活史相关名词对应关系正确的是（　　）。
A．花粉母细胞—大孢子　　B．花粉粒—雄配子体
C．精子—雄配子体　　D．花粉母细胞—小孢子

13．以下被子植物结构与生活史相关名词对应关系正确的是（　　）。
A．胚囊母细胞—大孢子　　B．单核胚囊—孢子体
C．卵细胞—雌配子　　D．胚囊母细胞—小孢子

14．以下对于花的描述错误的是（　　）。
A．花是适应于生殖的变态短枝
B．花是被子植物特有的繁殖器官
C．在进化的过程中花的部分结构可能发生数量的增加或减少
D．雄蕊或雌蕊是一朵花中必不可少的结构

15．以下花的结构组成中可能与自交不亲和有关的结构是（　　）。
A．花萼　　B．花瓣　　C．花药　　D．柱头

16．以下对一朵可育的两性花描述确定的是（　　）。
A．具有花瓣　　B．具有雄蕊　　C．具有花萼　　D．具有雄蕊和雌蕊

17．被子植物的花粉粒在花的（　　）中发育形成。
A．花冠　　B．雄蕊　　C．雌蕊　　D．花托

18．在幼期的花粉囊壁中不能观察到的结构是（　　）。
A．表皮　　B．中层　　C．纤维层　　D．绒毡层

19．花粉囊壁结构组成中可能与雄性不育有关的结构是（　　）。
A．表皮　　B．中层　　C．纤维层　　D．绒毡层

20．花粉囊壁结构组成中与花粉粒的散出有关的结构是（　　）。
A．表皮　　B．中层　　C．纤维层　　D．绒毡层

21．以下与生殖有关的细胞中没有细胞壁结构的是（　　）。
A．精细胞　　B．花粉粒营养细胞
C．花粉母细胞　　D．胚囊母细胞

22．成熟花粉粒通常是（　　）。
A．单核花粉粒　　B．二细胞型花粉粒
C．三细胞型花粉粒　　D．二细胞型或三细胞型花粉粒

23．以下对二细胞型花粉粒组成描述正确的是（　　）。
A．1 个营养细胞与 1 个精细胞　　B．1 个营养细胞与 1 个生殖细胞
C．1 个花粉母细胞与 1 个精细胞　　D．1 个花粉母细胞与 1 个生殖细胞

24．幼期花药中进行减数分裂的细胞是（　　）。
A．单核花粉粒细胞　　B．初生周缘细胞
C．花粉母细胞　　D．孢原细胞

25．以下分裂过程为减数分裂的是（　　）。
A．孢原细胞分裂形成周缘细胞和造孢细胞
B．周缘细胞分裂形成花粉囊壁
C．花粉母细胞分裂形成单核花粉粒

D. 单核花粉粒分裂形成二细胞型花粉粒

26. 下列结构的组成细胞中可能具有多个细胞核的是（　　）。

A. 表皮　　B. 药室内壁　　C. 中层　　D. 绒毡层

27. 如果要进行植物单倍体育种，你会选择以下哪种作为起始培养材料？（　　）

A. 叶片　　B. 花药　　C. 茎尖　　D. 胚

28. 正常条件下，一个花粉母细胞经过减数分裂最终发育形成（　　）个成熟花粉粒。

A. 1　　B. 2　　C. 3　　D. 4

29. 心皮是组成（　　）的基本单位。

A. 花　　B. 花被　　C. 雄蕊　　D. 雌蕊

30. 以下可用于在显微镜下准确辨别子房壁上背束所在部位的方法是（　　）。

A. 子房室正对的位置　　B. 着生胚珠正对的位置

C. 能向中部延伸或膨大的位置　　D. 与胎座相连的位置

31. 以下不是雌蕊柱头功能的是（　　）。

A. 承接花粉的场所　　B. 花粉粒亲和性识别的场所

C. 花粉粒萌发的场所　　D. 花粉粒释放精子的场所

32. 花粉管萌发时间点一般发生在（　　）。

A. 花粉粒成熟时　　B. 花粉粒散发后

C. 柱头亲和识别后　　D. 受助细胞诱导后

33. 胚囊内的次生核是指融合的（　　）。

A. 助细胞　　B. 中央极核　　C. 反足细胞　　D. 精子和卵细胞

34. 珠柄、珠心、珠孔的位置排列于同一直线上的胚珠称为（　　）。

A. 倒生胚珠　　B. 直生胚珠　　C. 横生胚珠　　D. 弯生胚珠

35. 某植物子房横切面可观察到明显的三室，由此可推测其胎座类型为（　　）。

A. 边缘胎座　　B. 侧膜胎座　　C. 中轴胎座　　D. 特立中央胎座

36. 一个胚囊母细胞经一次减数分裂与三次有丝分裂，最终产生（　　）个卵细胞。

A. 1　　B. 4　　C. 7　　D. 8

37. 胚珠中能进行减数分裂的细胞是（　　）。

A. 孢原细胞　　B. 周缘细胞　　C. 胚囊母细胞　　D. 珠心细胞

38. 单雌蕊是指一朵花中只有一个由（　　）个心皮组成的雌蕊类型。

A. 1　　B. 2　　C. 3　　D. 多

39. 组成蓼型成熟胚囊的 7 个细胞中具有明显极性分化的细胞是（　　）。

A. 反足细胞　　B. 卵细胞　　C. 中央细胞　　D. 极核

40. 以下对胚囊发育过程描述正确的是（　　）。

A. 胚囊母细胞→减数分裂→单核胚囊→有丝分裂→成熟胚囊

B. 胚囊母细胞→有丝分裂→单核胚囊→减数分裂→成熟胚囊

C. 胚囊母细胞→减数分裂→单核胚囊→受精作用→成熟胚囊

D. 胚囊母细胞→有丝分裂→单核胚囊→受精作用→成熟胚囊

41. 蓼型成熟胚囊中，卵细胞通常位于（　　）。

A. 近珠孔端　　B. 近合点端

C. 胚囊中央偏珠孔端　　D. 胚囊中央偏合点端

42. 在胚囊发育成熟的胚珠中，细胞染色体数为单倍性的是（　　）。

A. 孢原细胞　　B. 造孢细胞　　C. 胚囊母细胞　　D. 反足细胞

43. 以下不是子房的结构组成的是（　　）。

A. 子房壁　　B. 柱头　　C. 胚珠　　D. 胎座

44. 某植物胚囊母细胞经减数分裂形成 4 个子细胞，其中 3 个退化，只有一个经三次有丝分裂发育成成熟胚囊，这种胚囊发育类型为（　　）发育。

A. 单孢型胚囊　　B. 双孢型胚囊　　C. 四孢型胚囊　　D. 贝母型胚囊

45. 以下术语前后含义一致的是（　　）。

A. 子房—雌配子体　　B. 胚囊—雌配子体

C. 种子—雌配子体　　D. 精子—雄配子体

46. 有花植物的雌配子体是（　　）。

A. 子房　　B. 胚珠　　C. 胚囊　　D. 心皮

47. 遗传不亲和现象不会影响（　　）。

A. 花粉粒萌发　　B. 花粉管生长　　C. 昆虫传粉　　D. 柱头识别

48. 以下对被子植物胚乳的描述正确的是（　　）。

A. 由反足细胞发育而来　　B. 单性结实产生

C. 由受精极核发育而来　　D. 无融合生殖产生

49. 在一个完全成熟的、干燥的种子中依然存在的生理过程是（　　）。

A. 光合作用　　B. 呼吸作用　　C. 淀粉积累　　D. DNA 复制

50. 以下有性繁殖相对于无性繁殖的优势主要表现为（　　）。

A. 增加后代的遗传多样性　　B. 获得更多的后代

C. 更高的繁殖成功率　　D. 后代种子量大

51. 以下对孤雌生殖形成的种子描述准确的是（　　）。

A. 胚是二倍体　　B. 形成无胚的种子

C. 胚是单倍体　　D. 不能形成完整的胚

52. 某雌雄异株被子植物，雌株基因型 XX，雄株 YY，双受精后胚和胚乳基因型是（　　）。

A. 胚 XX 胚乳 XY　　B. 胚 XY 胚乳 XXY

C. 胚 XY 胚乳 XYY　　D. 胚 XX 胚乳 XXX

53. 种子组成中由受精卵发育而成的结构是（　　）。

A. 种皮　　B. 种脐　　C. 胚　　D. 胚乳

54. 双受精现象是指进入胚囊中的两个精子分别与（　　）受精。

A. 卵细胞和助细胞　　B. 卵细胞和反足细胞

C. 卵细胞和中央细胞　　D. 卵细胞和珠被细胞

55. 以下对被子植物双受精后的胚囊合点端细胞倍性描述正确的是（　　）。

A. 单倍体　　B. 二倍体　　C. 三倍体　　D. A 或者 C

56. 依据水稻小穗及花的组成，可以推测其传粉媒介为（　　）。

A. 风　　B. 虫　　C. 鸟　　D. 水

57. 子房壁内着生胚珠的结构称（ ）。
A. 珠柄 B. 胎座 C. 种柄 D. 花托
58. 成熟蚕豆种子的种皮上一条黑色眉状瘢痕是（ ）。
A. 种脊 B. 种脐 C. 种阜 D. 种柄
59. 小麦、水稻等禾本科植物为单子叶植物，它们的子叶常被称为（ ）。
A. 外胚叶 B. 胚芽鞘 C. 盾片 D. 浆片
60. 荠菜等植物的胚乳发育过程中先产生许多游离核，一定阶段后由外向内逐渐产生细胞壁，这种胚乳为（ ）。
A. 核型胚乳 B. 细胞型胚乳 C. 沼生目型胚乳 D. 蓼型胚乳
61. 胚囊母细胞位于胚珠的（ ）组织中。
A. 珠心 B. 珠被 C. 珠孔 D. 珠柄
62. 成熟的七细胞胚囊中，近合点端的细胞为（ ）。
A. 中央细胞 B. 卵细胞 C. 助细胞 D. 反足细胞
63. 核型胚乳中胚乳细胞形成的方式是（ ）。
A. 先产生核后产生壁 B. 先产生壁后产生核
C. 核和壁同时产生 D. 胚乳一直保持游离核状态
64. 下列胚的结构组成中，与形成幼苗类型有关的结构是（ ）。
A. 胚芽 B. 胚轴 C. 胚根 D. 子叶
65. 以下对于松树种子和苹果种子中胚乳描述正确的是（ ）。
A. 两者胚乳都是三倍体 B. 两者胚乳都是二倍体
C. 只有苹果胚乳是三倍体 D. 只有松树胚乳是三倍体
66. 以下对于禾本科植物的一朵小花结构组成描述正确的是（ ）。
A. 稃片、浆片、雄蕊、雌蕊 B. 颖片、浆片、雄蕊、雌蕊
C. 花梗、浆片、雄蕊、雌蕊 D. 花被、浆片、雄蕊、雌蕊
67. 在一朵花中由多个心皮联合形成一个雌蕊，这种雌蕊类型称为（ ）。
A. 单雌蕊 B. 离生单雌蕊 C. 复雌蕊 D. 离生复雌蕊
68. 以下确定为不完全花的是（ ）。
A. 两性花 B. 单性花 C. 离瓣花 D. 合瓣花
69. 下列有利于异花传粉的特征是（ ）。
A. 两性花 B. 自交亲和 C. 雌雄蕊异熟 D. 闭花传粉
70. 下列有利于自花传粉的性状是（ ）。
A. 单性花 B. 雌雄蕊异熟 C. 自交不亲和 D. 闭花传粉
71. 以下为适应于风媒传粉的特征为（ ）。
A. 花粉粒小而多 B. 花夜间开放
C. 具有花粉块 D. 花冠大而显著
72. 以下为被子植物所特有的是（ ）。
A. 种子 B. 双受精现象 C. 胚乳 D. 减数分裂
73. 由卵细胞未经过受精作用发育成有胚的种子的生殖方式称（ ）。
A. 单倍体孤雌生殖 B. 单倍体无配子生殖

C. 二倍体无融合生殖 D. 二倍体孤雌生殖

74. 由助细胞或反足细胞未经过受精作用发育成有胚的种子的生殖方式称（ ）。

A. 单倍体孤雌生殖 B. 单倍体无配子生殖

C. 二倍体无融合生殖 D. 二倍体孤雌生殖

75. 由胚囊母细胞未经过受精作用发育成有胚的种子的生殖方式称（ ）。

A. 单倍体孤雌生殖 B. 单倍体无配子生殖

C. 二倍体无融合生殖 D. 营养繁殖

76. 以下无融合生殖类型中后代通常可育的是（ ）。

A. 单倍体孤雌生殖 B. 单倍体无配子生殖

C. 二倍体无配子生殖 D. 前三者都可育

77. 以下发育成种皮的结构是（ ）。

A. 子房壁 B. 珠被 C. 胚囊外层细胞 D. 胎座

78. 植物种子呈现出各种不同的色彩往往是由于种子的（ ）结构中含有色素。

A. 果皮 B. 种皮 C. 胚乳 D. 胚

79. 自花传粉现象能在自然界存在至今是由于其（ ）。

A. 比异花传粉进化 B. 能增强后代生活力

C. 遗传更具多样性 D. 具有对环境较好的适应性

80. 草莓的食用部分主要是由其膨大的（ ）发育而成的。

A. 花序轴 B. 子房壁 C. 花托 D. 花被片

81. 花生的果实类型是（ ）。

A. 坚果 B. 瘦果 C. 核果 D. 荚果

82. 以下对单性结实描述正确的是（ ）。

A. 单性结实通常形成无籽果实 B. 无籽果实都是通过单性结实得到的

C. 单性结实可产生有胚的种子 D. 单性结实后代通常都是可育的

83. 横切某一植物的子房，观察到该子房分成五室，每室内具多数胚珠，请判断该植物的雌蕊类型为（ ）。

A. 单雌蕊 B. 离生单雌蕊 C. 复雌蕊 D. 无法判断

84. 图 2-18 中的颗粒状结构是（ ）。

A. 胚珠 B. 子房

C. 胎座 D. 孢子

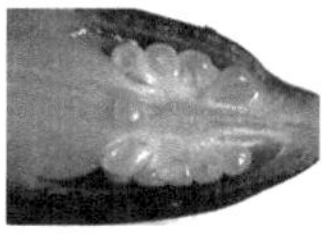

图 2-18 某植物子房纵切

85. 被子植物的胚乳通常是（ ）。

A. 单倍体 B. 二倍体 C. 三倍体 D. 四倍体

86. 小麦幼苗萌发时顶出土面的第一张“叶”是（ ）结构。

A. 子叶 B. 胚芽 C. 胚轴 D. 胚芽鞘

87. 单子叶植物和双子叶植物的种子一般都具有（ ）结构。

A. 种皮 B. 胚乳 C. 胚根鞘 D. 胚芽鞘

88. 减数分裂始于植物生活史中的（ ）。

A. 孢子体世代 B. 配子体世代 C. 无性世代 D. 二倍体世代

（三）填空题

1. 在种子发育过程中胚柄与珠被相接触的位置在种皮上留下的痕迹称 ________。

2. 位于种皮上的种子内外水、气交换的部位一般是 ________。

3. 禾本科植物种子的胚芽外面一般有胚芽鞘以保护茎尖生长点，而双子叶植物胚芽外无胚芽鞘结构，主要由 ________ 起保护作用。

4. 绝大多数双子叶植物的种子由 ________ 和 ________ 两部分组成。

5. 种子胚的结构组成包括 ________、________、________ 和 ________4 部分。

6. 禾本科植物种子中的 ________ 结构在种子萌发的过程中提供养料。

7. 在禾本科植物种子胚的结构组成中，________ 被特称为盾片。

8. 禾本科植物种子的盾片靠近胚乳一侧有一层 ________ 细胞，有利于从胚乳吸收养料。

9. 根据种子中胚乳的有无和胚中子叶的数目，大豆的种子属于 ________ 种子类型。

10. 一般双子叶植物种子无胚乳结构，其种子萌发过程中的养料主要由 ________ 提供。

11. 根据种子萌发成幼苗过程中子叶的位置可将幼苗分为 ________ 幼苗和 ________ 幼苗。

12. 花是适应于 ________ 的变态短枝。

13. 唐松草的花中没有花瓣，花萼成为花瓣状，执行花瓣功能，这种花的类型可称为 ________（完全 / 不完全）花。

14. 花被是 ________ 和 ________ 的总称。

15. 一朵具有 ________ 和 ________ 的分化的花称为双被花；同时具有 ________ 和 ________ 的花称为两性花。

16. 花的组成一般包括花梗（柄）、花托、花萼、花冠、雄蕊群、雌蕊群，其中主要完成营养输送功能的是 ________，能够产生配子的结构是 ________ 和 ________，往往具有鲜艳色彩有利于吸引昆虫传粉的是 ________ 或 ________，花器官着生的结构是 ________。

17. 棉花（锦葵科植物）在正常的花萼外侧还有一轮绿色的瓣片，称为 ________。

18. 在茄的果实基部可以发现花凋谢后依然存在的花萼，这种现象称为 ________。

19. 通常情况下，被子植物的雄蕊从形态上分为上下两部分，上部是一对囊状膨大结构，称为 ________，横切囊状体，可见其由 2～4 个 ________ 及中间的 ________ 组成。雄蕊下部通常为丝状体，称为 ________。

20. 豆科植物的一朵花中只有一个由一张心皮发育形成的雌蕊，称为 ________ 雌蕊类型。

21. 木兰科植物的一朵花中具有多个彼此分离的单雌蕊，称为 ________ 雌蕊类型。

22. 单生花和花序的区别在于单生花在一个花序梗上着生 ________ 朵小花。

23. 小麦花由 ________、________、________、________、________5 部分组成。

24. 禾本科植物花中浆片的作用是 ________________________。

25. 小孢子母细胞进行减数分裂前，花粉囊壁一般由表皮、________、________ 层和 ________ 层组成，成熟花药的花粉囊壁则通常由表皮和 ________ 层组成。

26. 幼期花粉囊壁的 4 层结构中，通常具有多核的细胞层是 ________；与花粉粒成熟后散出花粉囊有关的细胞层是 ________；发育异常可能导致雄性不育的细胞层是 ________。

27. 成熟花药的纤维层是由幼期花药中的 ________ 发育而来的。

28. 被子植物单核花粉粒形成后不久，进行一次不均等的分裂，产生一个大细胞和一个小细胞的细胞核，大细胞称为 ________，小细胞称为 ________。

29. 成熟的二细胞型花粉粒一般包括 ________ 层花粉粒壁和其内的两个细胞，两个细胞分别是 1 个 ________ 细胞和 1 个 ________ 细胞。

30. 一个成熟的三细胞型花粉粒由 1 个 ________ 细胞和 2 个 ________ 细胞组成。

31. 从被子植物的生活史看，单核花粉粒又称 ________，成熟花粉粒又称雄 ________，精子又称雄 ________。

32. 构成雌蕊的基本单位是 ________，子房是雌蕊基部膨大的部分，由 ________、________、________、________ 组成。

33. 发育成熟的蓼型胚囊一般由 ________ 个细胞组成，近珠孔端的是2个 ________ 细胞和 1 个 ________ 细胞，近合点端的为 ________ 个 ________ 细胞，位于胚囊中央的是 ________ 个 ________ 细胞。

34. 蓼型胚囊发育过程中，单核胚囊经 3 次 ________ 分裂发育形成成熟胚囊。

35. 开花的前提条件是一朵花中 ________ 和 ________（或二者之一）发育成熟。

36. 自花传粉是一朵花中成熟的花粉粒传到 ________ 的雌蕊柱头上的过程，如大豆。

37. 被子植物的双受精现象是指进入胚囊中的 2 个精子细胞分别与 ________ 和 ________ 受精的生殖现象。

38. 双受精现象是 ________ 植物类群特有的一种生殖现象。

39. 双受精后，受精卵发育成 ________，受精极核发育成 ________，珠被发育成 ________，三者共同形成 ________。

40. 被子植物胚乳的发育有 ________ 型胚乳、________ 型胚乳、沼生目型胚乳三种方式。

41. 无融合生殖是指某些被子植物不经过雌、雄性细胞的融合而产生 ________ 的种子的现象。

42. 多胚现象是指在同一个胚珠中产生两个或两个以上胚的现象，柑橘类植物的多胚除一个是由受精卵发育的合子胚外，其余都是由 ________ 细胞发育来的，又称为 ________，常常很难发育成熟。

43. 真果果皮是由 ________ 发育而成；其果皮通常分 ________、________、________ 三层。

44. 离生单雌蕊中的每一雌蕊都是由 ________ 个心皮组成，有 ________ 个子房室，多为 ________ 胎座类型，由离生单雌蕊发育成的果实类型是 ________ 果。

45. 一朵花中，仅具一枚雌蕊，以后只发育形成一个果实，称为 ________ 果，形成这类果实的雌蕊类型通常有 ________ 雌蕊和 ________ 雌蕊；由整个花序所形成的果实称为 ________ 果。

46. 假果是指由子房及 ________ 参与形成的果实。

47. 真果的组成包括 ________ 和 ________ 两部分。

48. 玉米“籽粒”在植物学上称为 ________，由 ________ 结构经受精作用发育而成，包括 ________ 和 ________ 两部分，前者由 ________ 发育而成，后者由

________ 发育而成。

49. 单性结实往往会形成 ________ 果实。

50. 下列果实或种子的主要食用部位各是什么：龙眼——________；西瓜——________；桃——________；苹果——________。

51. 苹果的花萼筒能膨大参与果实的形成，这种由子房和花的其他部分参与形成的果实类型为 ________ 果。

52. 被子植物的生活史中包括两个基本阶段，第一阶段称为二倍体阶段，或称 ________ 阶段；第二阶段为单倍体阶段，或称 ________ 阶段。在其世代交替过程中，________ 是从二倍体世代进入单倍体世代的转折点，而 ________ 是单倍体世代转入二倍体世代的转折点。

53. 被子植物中能够进行减数分裂的细胞分别是 ________ 细胞和 ________ 细胞。

（四）配对题

请将左侧与右侧对应的结构或名称连线配对，可以选择一对多或多对一。

1. 胚的结构与萌发后幼苗的结构或萌发过程中的作用配对。

子叶	根茎过渡区
胚芽	根
胚轴	茎叶（+茎尖生长点）
胚根	提供养料等

2. 雄蕊的结构名称与生活史中相应名词配对。

雄蕊	小孢子
精子	雄配子体
成熟花粉粒	小孢子叶
单核花粉粒	雄配子

3. 雌蕊的结构名称与生活史中相关名词配对。

卵细胞	大孢子叶
单核胚囊	雌配子体
胚囊母细胞	雌配子
心皮	大孢子母细胞

（五）实践应用题

1. 你认为在种子萌发的过程中是否需要添加养料？为什么？

2. 图 2-19 为种子萌发过程示意图，根据图 2-19 回答问题。

（1）A 图中表示何种幼苗类型？

（2）写出 A 图中各数字所表示的结构名称。

（3）请说明 B 图中上部弯曲部位的结构名称。

（4）推测（3）题中结构弯曲的作用。

3. 在小麦加工成面粉的过程中，需要去掉“外皮”，一般来说，外皮去得越多，口感也越好，但有人认为，外皮去得越多，营养价值越低，这种说法对吗？为什么？

4. 被子植物的种子在结构上包括哪几个重要的组成部分？不同类型的种子在结构上又有哪些相异的地方？为什么说种子内的胚是新一代植物的雏形体？

图 2-19　种子萌发过程示意图

5．简述花药原基发育为成熟花药并产生成熟的二细胞型花粉粒的过程（可以表解）。

6．以蓼形胚囊为例，简述成熟胚囊的结构（说明在哪一端有哪些细胞；也可画图描述）。

7．看图说话（图 2-20）。

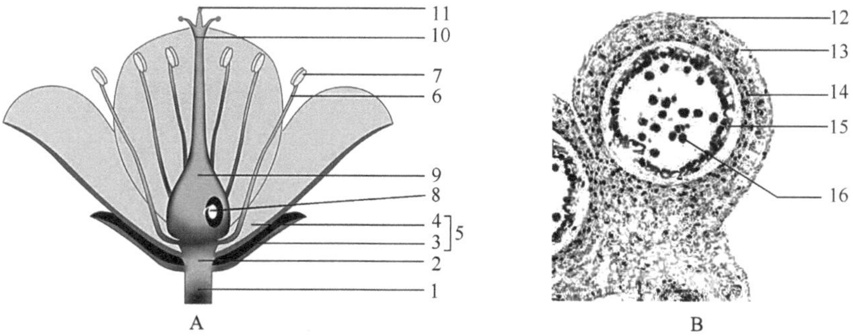

图 2-20　花的组成（A）及花粉囊结构（B）

（1）请正确标示图 2-20 中各数字所表示的结构名称。

1. ________　2. ________　3. ________　4. ________　5. ________　6. ________

7. ________　8. ________　9. ________　10. ________　11. ________　12. ________

13. ________　14. ________　15. ________　16. ________

（2）A 图中能够发育成果实的结构是数字 ________。

（3）A 图中当数字 3 和 4 只具有其中之一时，这朵花的类型可称为 ________；当只具有数字 1～5 的结构时，这朵花的类型可称为 ________。这两种类型的花均可称为 ________（完全 / 不完全）花。

（4）B 图中与花粉囊壁开裂有关的结构是数字 ________；与四分体分离形成单核花粉粒有关的结构是数字 ________。

（六）填图题

1. 填写百合子房横切面各部分结构的名称（图 2-21）。

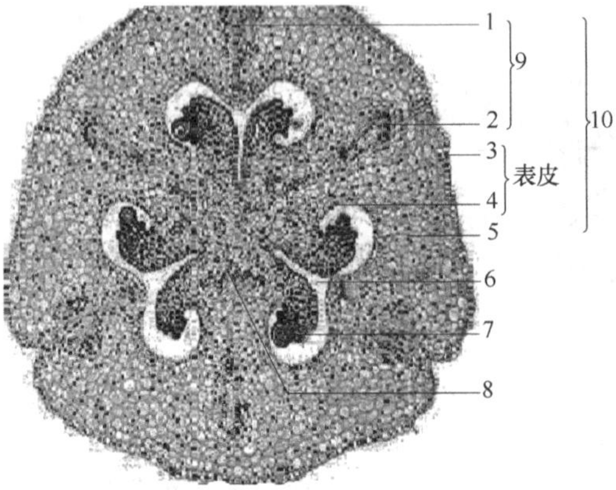

图 2-21 百合子房横切面

1. ________2. ________3. ________4. ________5. ________
6. ________7. ________8. ________9. ________10. ________

2. 标出图 2-22 中胚珠及成熟胚囊的各部分结构名称。

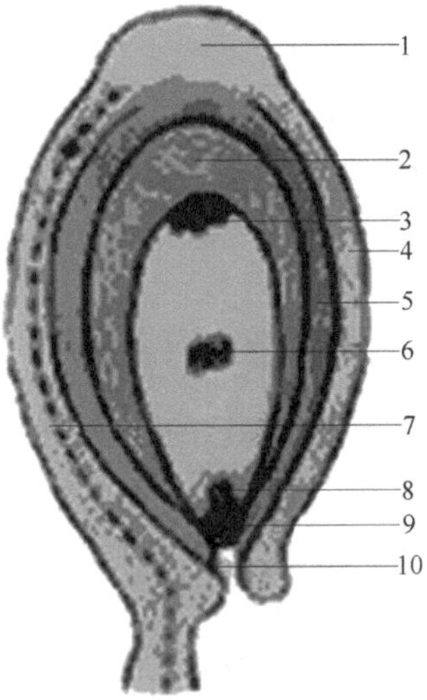

图 2-22 胚珠及成熟胚囊结构图

1. ________2. ________3. ________4. ________5. ________
6. ________7. ________8. ________9. ________10. ________

3．分别标出幼期和成熟期花药和花粉囊壁各部分的结构名称（图 2-23）。

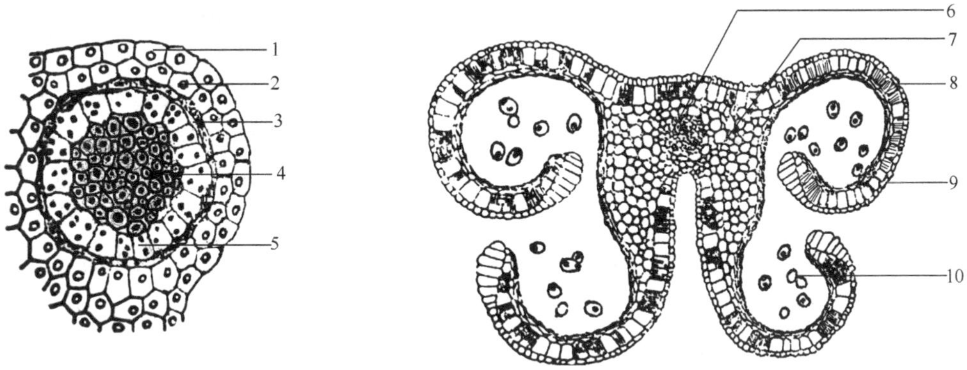

图 2-23 幼期和成熟期花药和花粉囊壁结构图

1．________2．________3．________4．________5．________
6．________7．________8．________9．________10．________

三、参考答案

（一）判断题

1．F 2．T 3．F 4．T 5．F 6．T 7．T 8．F 9．F 10．F 11．T 12．T 13．T 14．F 15．F 16．F 17．F 18．F 19．F 20．T 21．F 22．T 23．F 24．T 25．T 26．F 27．T 28．T 29．F 30．F 31．F 32．T 33．F 34．F 35．F 36．T 37．F 38．T 39．F 40．F 41．T 42．F 43．T 44．F 45．T 46．T 47．T 48．T 49．T 50．F 51．T 52．F 53．F 54．F 55．T 56．T 57．T 58．F 59．T 60．F 61．T 62．T

（二）单项选择题

1．C 2．D 3．A 4．C 5．D 6．B 7．C 8．D 9．B 10．C 11．D 12．B 13．C 14．D 15．D 16．D 17．B 18．C 19．D 20．C 21．A 22．D 23．B 24．C 25．C 26．D 27．B 28．D 29．D 30．A 31．D 32．C 33．B 34．B 35．C 36．A 37．C 38．A 39．B 40．A 41．A 42．D 43．B 44．A 45．B 46．C 47．C 48．C 49．B 50．A 51．C 52．B 53．C 54．C 55．D 56．A 57．B 58．B 59．C 60．A 61．A 62．D 63．A 64．B 65．C 66．A 67．C 68．B 69．C 70．D 71．A 72．B 73．A 74．B 75．C 76．C 77．B 78．B 79．D 80．C 81．D 82．A 83．C 84．A 85．C 86．D 87．A 88．B

（三）填空题

1．种脐 2．种孔 3．幼叶 4．种皮，胚 5．胚芽，胚轴，胚根，子叶 6．胚乳 7．子叶 8．上皮 9．双子叶无胚乳 10．子叶 11．子叶出土，子叶留土 12．生殖 13．不完全 14．花萼，花冠 15．花萼，花冠，雄蕊，雌蕊 16．花柄（梗），雄蕊（群）和雌蕊（群），花冠，花萼，花托 17．副萼 18．（花萼）宿存 19．花药，花粉囊，药隔，花丝 20．单 21．离生单 22．一 23．外稃，内稃，浆片，雄蕊（群），雌蕊（群） 24．开花期吸水膨胀撑开内外稃露出雌雄蕊 25．药室内壁，中，绒毡，纤维　26. 绒毡层，药室内壁，绒毡层　27. 药室内壁　28. 营养细胞，生殖细胞　29. 两，营养，生殖　30. 营养，精　31. 小孢子，配子体，配子　32. 心皮，子房壁，子房室，胚珠，胎座　33. 7，助，卵，3，反足，1，中央　34. 有丝　35. 雄蕊，雌蕊　36. 同一朵花（自身花）　37. 中央细胞，卵细胞　38. 被子　39. 胚，胚乳，种皮，种子　40. 核，细胞　41. 有胚　42. 珠心，珠心胚　43. 子房壁，外果皮，中果皮，内果皮　44. 1，1，边缘，聚合　45. 单，单，复，聚花　46. 子房外方的花萼筒或花托　47. 果皮，种子　48. 果实（颖果），子房，果皮，种子，子房壁，胚珠　49. 无籽　50. 肉质假种皮，膨大胎座，中果皮，花萼筒　51. 假　52. 孢子体，配子体，减数分裂，受精作用　53. 胚囊母，精子母

（四）配对题

1. 胚的结构与萌发后幼苗的结构或萌发过程中的作用配对如下。

子叶	根茎过渡区
胚芽	根
胚轴	茎叶（＋茎尖生长点）
胚根	提供养料等

2. 雄蕊的结构名称与生活史中名词配对如下。

雄蕊	小孢子
精子	雄配子体
成熟花粉粒	小孢子叶
单核花粉粒	雄配子

3. 雌蕊的结构名称与生活史中名词配对如下。

卵细胞	大孢子叶
单核胚囊	雌配子体
胚囊母细胞	雌配子
心皮	大孢子母细胞

（五）实践应用题

1. 答：从种子的结构分析，种子有有胚乳种子和无胚乳种子两种类型，在种子萌发的过程中有胚乳种子的养料由胚乳提供，无胚乳种子的养料由子叶提供，因此，在种子萌发的过程中可以不额外添加养料。

2. 答：（1）子叶出土幼苗

（2）1. 真叶；2. 上胚轴；3. 子叶；4. 下胚轴；5. 主根（或根系）

（3）下胚轴

（4）作用一，连接子叶与胚根；作用二，种子萌发时快速生长，使子叶出土

3. 答：这种说法正确。从植物学意义上分析，小麦籽粒是指小麦的颖果，由果皮、种皮、胚及胚乳 4 部分组成，胚乳的主要成分是淀粉类物质，胚乳外与种皮接近的位置为糊粉层，包含有小麦中高营养价值的生理活性成分，如膳食纤维、矿物质、有益脂类、维生素、酚酸类和木酚素等；题目中的“外皮”一般是指果皮和种皮，当外皮去得过多，由于去除了膳食纤维类，可能会使口感增加，但是其他的生理活性成分也同时被去除，因而会影响其营养价值。

4．答：种子组成包括种皮、胚和胚乳。根据胚乳的有无可将种子分为有胚乳种子和无胚乳种子，又可以根据胚中子叶的数目分为双子叶植物和单子叶植物。有胚乳种子中一般子叶不发达，营养主要贮存在胚乳中，而无胚乳种子中一般子叶较发达，营养主要贮藏在子叶中；双子叶植物在胚中具有两片子叶，而单子叶植物在胚中只具有一片子叶。

由于种子中种皮的主要作用是保护种子，胚乳的主要作用是在种子萌发过程中提供养料，两者均不形成新的植物个体的组成部分，种子中的胚由胚芽、胚轴、胚根和子叶4部分构成，经过萌发，胚根发育成新一代植物体的主根及根尖生长点，其上形成各级侧根，形成根系；胚芽发育成新一代植物个体的茎、叶及茎尖生长点，因此说种子内的胚是新一代植物个体的雏形体。

5．答：花药原基发育为成熟花药并产生成熟的二细胞型花粉粒的过程见图2-24。

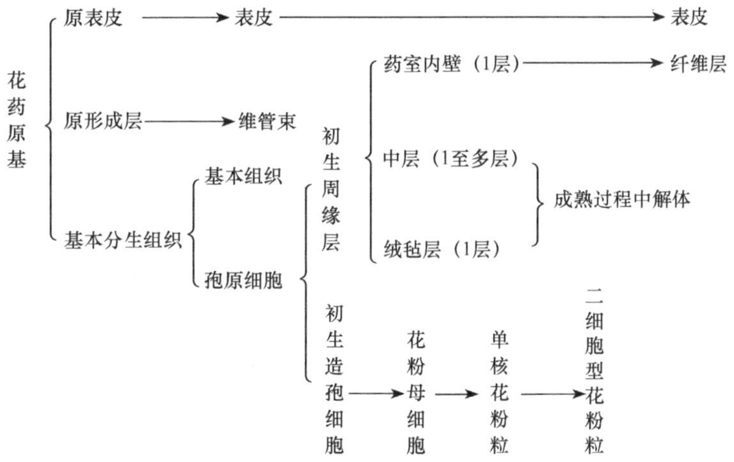

图2-24　花药原基发育为成熟花药并产生成熟的二细胞型花粉粒的过程

6．答：成熟胚囊位于胚珠内，一般由7个细胞组成，分别是靠合点端的三个反足细胞，靠珠孔端的两个助细胞和一个卵细胞及中央位置由两个极核形成的中央细胞，其中卵细胞是胚囊中最重要的部分，经受精后可发育成胚。

7．答：（1）1．花梗　2．花托　3．花萼　4．花瓣　5．花被　6．花丝　7．花药　8．胚珠　9．子房　10．花柱　11．柱头　12．表皮　13．药室内壁　14．中层　15．绒毡层　16．花粉母细胞 / 花粉粒 / 四分体

（2）9

（3）单被花，无（中）性花，不完全

（4）13，15

（六）填图题

1．背束、腹束、外表皮、内表皮、基本组织、子房室、胚珠、胎座、维管束、子房壁

2．合点、珠心、反足细胞、外珠被、内珠被、中央细胞（极核）、珠柄、卵（助）细胞、助（卵）细胞、珠孔

3．表皮、药室内壁、中层、花粉母细胞、绒毡层、药隔维管束、药隔薄壁组织、纤维层、残留中层、花粉粒

第五章 植物界的基本类群与进化

一、知识要点提示

(一)知识要点概述

(1)植物分类的基础知识：植物分类的方法有人为分类法、自然分类法和**系统分类法**。人为分类法是根据植物的用途或仅根据植物的一个或几个明显的形态特征进行分类；自然分类法是以植物性状的相似程度来决定植物间的亲缘关系和系统排序的方法；系统分类法是以植物进化的观点为出发点，按性状的演化趋势来进行分类，建立能反映植物类群之间亲缘关系和植物界客观演化规律的方法。

植物的分类阶元分为界、门、纲、目、科、属、种，种是植物分类的基本单位，每级单位下面又可分为亚级。种是指一群具有相对稳定性状的、能与其他种区别的、且一般不与其他种杂交的自然生物群体，种内可根据个体间的差异分为亚种、变种、变型等，农业或园艺生产上常以“品种”来区分不同栽培群体类型，品种不是植物分类的单位。

植物的**学名**(拉丁名)是指用拉丁文书写的符合《国际植物命名法规》中**双名法**各项原则的科学名称，要求一个种的学名必须用2个拉丁词或拉丁化了的词组成，第一个词是属名(名词性，斜体，首字母大写)，第二个词是种加词或种区别词(形容词性，斜体，小写)，双名之后附加命名人之名(正体，首字母大写，可采用缩写)。**中名**(中文名)是指得到《中国植物志》等权威著作认可的正式的中文名称，中名不能称为学名。

植物检索表是植物分类鉴定的重要工具，检索表的编制依据二歧分类原则，将同一类别的生物，根据一对或几对相对性状的区别，分成相对应的两个分支。

(2)植物界的基本类群：植物类群分为藻类、菌类、地衣、苔藓、蕨类和种子(裸子和被子)植物。**种子植物**(显花植物)通过产生种子来繁衍后代，而其他类群不具有种子的结构，主要通过孢子的传播扩散来繁衍后代，所以合称为**孢子植物**(隐花植物)。藻类、菌类、地衣植物在有性生殖过程中没有胚的出现，称为无胚植物；苔藓、蕨类、种子植物的受精卵首先发育成胚，由胚发育形成孢子体，又称为**有胚植物**。苔藓植物、蕨类植物和裸子植物的雌性生殖器官为颈卵器，三者合称为**颈卵器植物**。植物维管组织的发育开始于蕨类植物，因此，蕨类植物和种子植物又称为**维管植物**，其他类群为非维管植物。

藻类植物是一类具有光合色素、能独立生活的自养**原植体**(无根、茎、叶分化)的植物类群，植物体为单细胞个体或多细胞的群体、丝状体或片状体，根据藻体形态特征、光合色素种类、贮藏物质类型、鞭毛特征、细胞壁特征及生殖方式的不同可分为9～12个门，彼此间并无一定的亲缘关系，其中蓝藻为原核藻类，其余为真核藻类。藻类生殖方式有营养繁殖、无性生殖、有性生殖(蓝藻门、裸藻门无有性生殖)三种类型，营养繁殖以细胞或藻体断裂或形成珠芽等方式完成；无性生殖产生各种类型的无性孢子，直接发育成新个体；有性生殖即生殖过程中出现的两个配子(同配、异配、卵式)融合形成合子的过程。藻类的生殖结构均为单细胞(轮藻门除外)，由单个细胞发育形成生殖细胞，生活史过程中具有二倍体孢子体世代和单倍体配子体世代交替出现的

世代交替现象。

菌类是不含叶绿素，没有根、茎、叶分化的一类植物类群（只在二界系统中划入植物界），其营养方式为异养。细菌门为原核单细胞生物，黏菌门是介于动植物之间的一类多核单细胞生物。**真菌**门的细胞具有细胞核、细胞壁（多糖和几丁质成分）结构，多数植物体由丝状**菌丝**互相联系构成菌丝体，形成各种营养或生殖**子实体**，如子座、菌核、子囊果、担子果。真菌是陆地生态系统中主要的分解者和共生生物，根据真菌有性生殖结构的不同，可将其分为鞭毛菌亚门、接合菌亚门、子囊菌亚门、担子菌亚门和半知菌亚门。

地衣是真菌（多为子囊菌）与光合藻类形成的**共生体**，根据地衣的生活形态，可将其分为叶状地衣、枝状地衣和壳状地衣。

苔藓植物可分为角苔纲、苔纲和藓纲，其植物体一般有类似茎、叶的分化，有的种类为叶状体，但均没有真正的根，植株中**没有维管组织的分化**；有单、双倍体交替的生活史，苔藓植物个体为单倍体的配子体（n），**配子体**独立生活，能进行光合作用，其上产生雄性生殖器官（精子器）和雌性生殖器官（颈卵器），分别形成精子（n）和卵细胞（n），精卵融合形成合子（$2n$），发育成胚（$2n$），胚在配子体上发育形成孢子体（$2n$），**孢子体不能离开配子体独立生活**，其内的孢子母细胞通过减数分裂生成单倍体的孢子（n），散发到环境中，形成新的植物个体（n），完成生活史。

蕨类植物有真正的根、茎、叶分化，**具有维管组织系统**，适应于陆生生活；可分为石松亚门、水韭亚门、松叶蕨亚门、楔叶蕨亚门和真蕨亚门；蕨类植物的配子体称原叶体，个体较小，只能生活很短暂的时间，配子体产生精子器和颈卵器，精、卵融合形成合子，发育成胚，胚发育成具有根、茎、叶结构分化的孢子体，在叶的不同部位形成孢子囊，其中的孢子母细胞经减数分裂形成单倍体的孢子，散发到环境中，形成原叶体，完成生活史。因此蕨类植物的孢子体和配子体都能独立生活，但**孢子体占优势**。

种子植物出现了**种子**的结构，为胚提供了保护结构和休眠阶段，是进化上一个重要的进步，孢子体高度发达，配子体不能离开孢子体生活。

裸子植物的孢子体发达，维管组织由**管胞**和**筛胞**组成；一般分为苏铁纲、银杏纲、松柏纲、买麻藤纲；孢子叶大多聚生成**大、小孢子叶球**，小孢子叶（雄性生殖器官）生有小孢子囊（花粉囊），其内的小孢子母细胞经减数分裂产生小孢子（n），经有丝分裂形成花粉粒（雄配子体，内含精子 n），大孢子叶（雌性生殖器官）上生有胚珠，胚珠珠心内的大孢子母细胞经减数分裂形成大孢子（n），大孢子有丝分裂形成多个颈卵器［内含卵细胞（n）］和大量胚乳（n），花粉通常经风传播到裸露的胚珠表面，形成花粉管，将精子送入颈卵器中，完成受精作用，受精卵（$2n$）发育成胚（$2n$），胚、胚乳（n）、种皮（$2n$）构成**裸露的种子**，裸子植物具有**多胚现象**。

被子植物（有花植物）是植物界种类最多的类群，具有一系列在陆生环境中占优势的结构特征，出现了**花和果实的结构**，**种子受果皮保护**；木质部出现了**导管**和木纤维，韧皮部出现了**筛管**、伴胞和韧皮纤维，输导能力大大增强；雌、雄配子体简化为成熟的胚囊和花粉粒，不能离开孢子体独立生活，**双受精作用**和 $3n$ 胚乳的出现更加有利于被子植物的种族繁衍。

（二）知识结构图

1. 有胚植物生活史简图

有胚植物生活史见图 2-25。

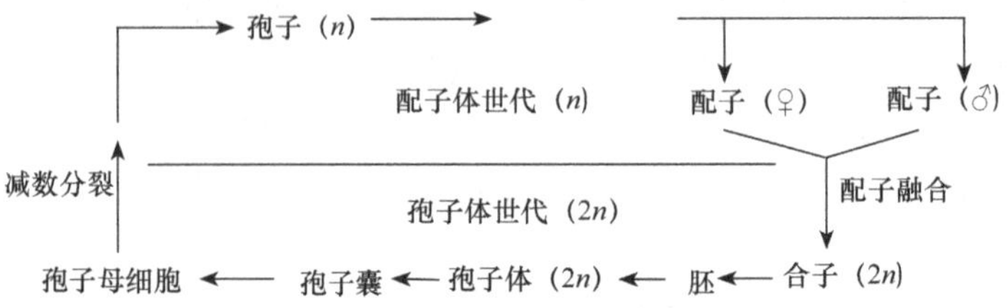

图 2-25 有胚植物生活史简图

2. 植物类群系统关系图

植物类群系统的关系见图 2-26。

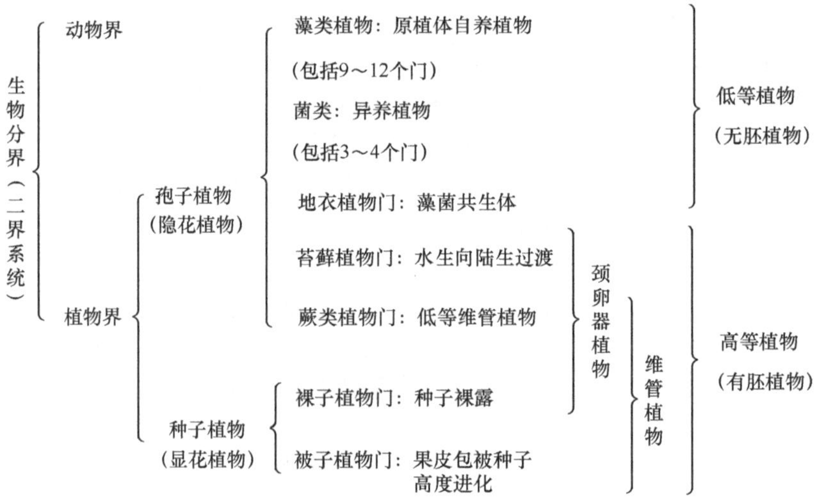

图 2-26 植物类群系统关系图

二、思考与练习

（一）判断题

1. 种子植物又称为显花植物，因为种子植物都具有繁殖器官——花。（ ）
2. 林奈根据雄蕊的数目将植物分为不同的类群，这种分类方法为自然分类法。（ ）
3. 变种是植物分类的基本单位。（ ）
4. 马铃薯的俗名又称土豆或洋芋，马铃薯是它的学名。（ ）
5. 刺果毛茛和扬子毛茛是毛茛属两个不同的种，一般不能自然交配并产生可育后代。（ ）
6. 所谓双名法是指用两个英文单词作为一种植物的名称，其中第一个为属名，第二个为种加词。（ ）
7. 植物受精过程的终止为新植物体的起点。（ ）

8. 高等植物又称有胚植物，是因为其受精卵在形成新个体前先发育成胚的结构。(　　)

9. 颈卵器是苔藓、蕨类、种子植物类群的雌性生殖器官。(　　)

10. 藻类植物可按色素类型进行分类，彼此间具有一定的亲缘关系。(　　)

11. 藻类植物中绿藻门只含有叶绿素，红藻门只含有藻红素。(　　)

12. 蓝藻为原核藻类。(　　)

13. 苔藓植物、蕨类植物和种子植物均可通过颈卵器产生卵细胞。(　　)

14. 蓝藻只有营养繁殖和无性生殖方式，没有有性生殖方式。(　　)

15. 藻类植物的植物体多为单细胞个体或多细胞群体，无根、茎、叶的分化。(　　)

16. 念珠藻类具有固氮作用，能够与蕨类植物满江红共生。(　　)

17. 轮藻属植物是一类具有直立分枝和假根结构的藻类植物。(　　)

18. 海带属于褐藻门，其植物体已具有了基本的根、茎、叶的分化。(　　)

19. 真菌植物体多由丝状、分枝的结构组成，这种分枝丝状结构称为原丝体。(　　)

20. 所有的菌类植物都不能进行光合作用，营异养生活。(　　)

21. 细菌门、黏菌门和真菌门都属于菌类植物，彼此间存在着一定的亲缘关系。(　　)

22. 细菌是一类能够致病的有害生物，所以应尽量使我们的生存环境无菌。(　　)

23. 组成细菌的细胞同所有植物细胞一样具有由纤维素组成的细胞壁。(　　)

24. 真菌生活史中具单倍体和二倍体的核相交替，说明其具有明显的世代交替。(　　)

25. 接合生殖是水绵特有的一种生殖方式。(　　)

26. 银耳、木耳为有隔担子菌。(　　)

27. 担子菌纲的子实体又称担子果，由次生菌丝发育而来。(　　)

28. 担孢子萌发可形成双核、有隔且多分枝的初生菌丝。(　　)

29. 子囊菌纲的无性繁殖方式为出芽繁殖。(　　)

30. 酵母的无性繁殖方式为出芽繁殖。(　　)

31. 日常所食用的蘑菇是一种担子果。(　　)

32. 冬虫夏草和黏菌门植物类似，既有动物特性又有植物特性。(　　)

33. 根霉孢子囊在产生孢子时有孢子囊层出的现象。(　　)

34. 地衣是藻类与菌类的共生复合体。(　　)

35. 参与组成地衣的菌类主要是接合菌类。(　　)

36. 地衣可以作为大气污染的指示植物。(　　)

37. 地衣植物是一类能够进行自养生活的高等植物类群。(　　)

38. 地衣是绿藻和细菌组成的一种共生结构。(　　)

39. 苔藓植物是水生到陆生的过渡类型。(　　)

40. 苔藓植物属于高等植物类群，具有真正的根、茎、叶等结构的分化。(　　)

41. 苔藓植物是一类结构比较简单的高等植物类群。(　　)

42. 苔藓植物的配子体较孢子体发达，孢子体不能独立生活。(　　)

43. 苔藓植物的生活史具有明显的世代交替，在世代交替中配子体不能独立生存。(　　)

44. 苔藓植物具有类茎、叶的结构，开始出现维管组织分化。(　　)

45. 苔藓植物的配子体又称原丝体。(　　)
46. 苔藓植物因为无维管组织分化、受精离不开水等，所以其植株一般较矮小。(　　)
47. 地钱为苔藓植物，具有类茎、叶结构的分化。(　　)
48. 苔藓植物的原丝体和蕨类植物的原叶体都是产生有性生殖器官的结构体。(　　)
49. 地钱的原丝体不发达，仅由 6～7 个细胞构成，进而分别发育形成配子体植株。(　　)
50. 葫芦藓和地钱都是雌雄同株植物。(　　)
51. 蕨类植物既是有胚植物，又是维管植物、颈卵器植物。(　　)
52. 蕨类植物既是高等的孢子植物，又是低等的维管植物。(　　)
53. 蕨类植物生活史中孢子体远比配子体发达，配子体要依赖于孢子体生存。(　　)
54. 蕨类植物具有真正的根、茎、叶结构。(　　)
55. 蕨类植物因受精离不开水的限制，因此其植株与苔藓植物类似，一般较矮小。(　　)
56. 蕨类植物开始出现维管组织，具有多种不同的维管束类型。(　　)
57. 石松的叶有大型叶与小型叶之分。(　　)
58. 蕨类植物的营养叶主要完成光合和营养功能。(　　)
59. 蕨类植物的同型叶指既有营养功能又能在生殖期形成孢子囊的叶。(　　)
60. 蕨类植物系统演化中编织中柱比管状中柱更进化。(　　)
61. 蕨类植物的茎已开始出现表皮、皮层、中柱的分化。(　　)
62. 蕨类植物比苔藓植物高大，具有维管组织分化，受精已不受水的限制。(　　)
63. 裸子植物是最进化的颈卵器植物。(　　)
64. 裸子植物形成的种子外没有种皮包被，胚是裸露的，故称为裸子植物。(　　)
65. 裸子植物由于出现了花粉管结构，因此摆脱了水对受精作用的限制。(　　)
66. 裸子植物的种子一般只具有一个胚。(　　)
67. 裸子植物的大孢子叶又称心皮。(　　)
68. 裸子植物的颈卵器通常位于胚珠近珠孔端，每个胚珠中具有一个颈卵器。(　　)
69. 银杏和苏铁都属于裸子植物，因为其胚珠外都无子房壁包被。(　　)
70. 银杏是裸子植物，其种子外面没有果皮的包被。(　　)
71. 裸子植物种子中的胚乳是受精作用的产物。(　　)
72. 裸子植物的种子中具有胚乳，但其胚乳不是受精作用的产物。(　　)
73. 裸子植物的生活史中，配子体占绝对优势，孢子体依附于配子体而生存。(　　)
74. 裸子植物具有“雌球花”和“雄球花”的结构，因此又被称为显花植物。(　　)

（二）单项选择题

1. 李时珍在《本草纲目》中将植物分成了草、木、谷、果、菜等几部，这种分类方法是(　　)。
   A. 自然分类法　　B. 人为分类法　　C. 系统分类法　　D. 以上都不对
2. 以下不是植物分类等级单位的是(　　)。
   A. 品种　　B. 种　　C. 科　　D. 目

3．学名中的 subsp．是指（　　）。
　A．种　B．变型　C．变种　D．亚种
4．以下水稻的学名写法正确的是（　　）。
　A．*Oryza Sativa* L.　B．*oryza sativa* L.
　C．*Oryza sativa* L.　D．Oryza sativa L.
5．以下植物类群中不是孢子植物类群的是（　　）。
　A．种子植物　B．蕨类植物　C．苔藓植物　D．菌类植物
6．以下植物类群中主要进行异养生活的是（　　）。
　A．藻类植物　B．菌类植物　C．苔藓植物　D．蕨类植物
7．以下为自养原植体植物类群的是（　　）。
　A．藻类植物　B．苔藓植物　C．蕨类植物　D．裸子植物
8．以下属于有胚植物的是（　　）。
　A．藻类植物　B．菌类植物　C．地衣植物　D．苔藓植物
9．以下植物类群中没有维管组织分化的植物类群是（　　）。
　A．蕨类植物　B．裸子植物　C．苔藓植物　D．被子植物
10．主要生存于淡水中的真核藻类是（　　）。
　A．蓝藻门　B．绿藻门　C．金藻门　D．褐藻门
11．藻类类群中具有假根、假叶形态的是（　　）。
　A．蓝藻门　B．绿藻门　C．金藻门　D．褐藻门
12．藻类类群共同具有的光合色素是（　　）。
　A．叶绿素 a，胡萝卜素，叶黄素　B．叶绿素 a，胡萝卜素，藻红素
　C．胡萝卜素，叶黄素，藻红素　D．叶绿素 b，胡萝卜素，叶黄素
13．以下藻类植物中有性生殖方式为接合生殖的是（　　）。
　A．衣藻　B．颤藻　C．水绵　D．海带
14．水体富营养化条件下能够大量繁殖而导致淡水“水华”的是（　　）。
　A．铜绿微囊藻　B．衣藻　C．硅藻　D．水绵
15．以下对褐藻门的同型世代交替描述准确的是（　　）。
　A．无性生殖中产生的配子与有性生殖产生的合子同形
　B．无性生殖中产生的静孢子与无性生殖产生的游动孢子同形
　C．有性生殖中产生的雄配子与雌配子同形
　D．有性生殖中产生的雄配子体与雌配子体同形
16．下列是紫菜生活史中出现的几个阶段，（　　）阶段染色体倍性是单倍的。
　A．壳斑藻　B．紫菜　C．壳孢子　D．果孢子
17．菌类植物类群中为单细胞原核生物的是（　　）。
　A．真菌门　B．黏菌门　C．细菌门　D．以上都不是
18．某些细菌的细胞生长到某个阶段，细胞会形成芽孢，其作用是（　　）。
　A．繁殖　B．抵抗不良环境　C．贮备营养　D．吸收
19．黏菌门兼有动物和植物的特性，以下为动物性阶段的是（　　）。
　A．孢子囊　B．孢子　C．合子　D．营养体

20．真菌有时会和植物建立共生关系，它们帮助宿主的方式为（　　）。
A．为宿主提供有机养料　　B．为宿主产生能量
C．为宿主提供水分和无机盐　　D．为宿主提供孢子

21．图 2-27 圈中所示的黑根霉的结构名称是（　　）。
A．菌丝　　B．假根
C．接合孢子　　D．孢子囊

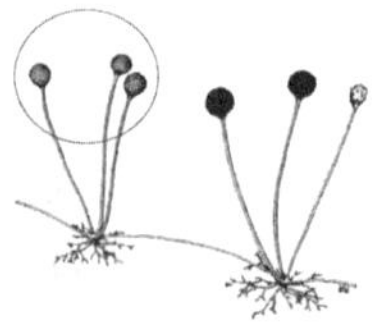
图 2-27　黑根霉

22．多细胞真菌的基本结构单位是（　　）。
A．孢子　　B．菌丝
C．担子　　D．菌丝体

23．以下不可能是真菌的营养方式的是（　　）。
A．自养　　B．寄生
C．腐生　　D．寄生、腐生兼性

24．酵母属于（　　）。
A．鞭毛菌亚门　　B．接合菌亚门
C．子囊菌亚门　　D．担子菌亚门

25．水霉在无性生殖阶段会产生（　　）。
A．卵孢子　　B．游动孢子　　C．子囊孢子　　D．担孢子

26．以下具有双游现象的真菌类植物是（　　）。
A．青霉　　B．水霉　　C．匍枝根霉　　D．黑根霉

27．葡枝根霉的接合孢子是（　　）。
A．单核双倍体　　B．多核双倍体　　C．多核单倍体　　D．单核单倍体

28．下列菌类孢子中为无性生殖阶段产生的孢子是（　　）。
A．卵孢子　　B．担孢子　　C．游动孢子　　D．子囊孢子

29．下列菌类孢子中为营养繁殖阶段产生的孢子是（　　）。
A．卵孢子　　B．节孢子　　C．游动孢子　　D．子囊孢子

30．以下真菌类类群中菌丝为无隔菌丝的是（　　）。
A．子囊菌纲　　B．担子菌纲　　C．半知菌纲　　D．鞭毛菌纲

31．下列真菌中有性生殖为接合生殖的是（　　）。
A．蘑菇　　B．酵母　　C．根霉　　D．银耳

32．以下真菌中生活方式为寄生生活的是（　　）。
A．蘑菇　　B．酵母　　C．根霉　　D．禾病锈菌

33．伞菌目真菌的营养方式为（　　）。
A．寄生　　B．腐生
C．转主寄生　　D．寄生，兼性腐生

34．下列真菌中，子实体的质地为肉质的是（　　）。
A．灵芝　　B．猴头　　C．麦角菌　　D．酵母

35．下列真菌中，不属于担子菌亚门的是（　　）。
A．灵芝　　B．蘑菇　　C．猴头　　D．冬虫夏草

36. 伞菌目有性生殖产生的孢子类型是（　　）。
A. 厚壁孢子　B. 分生孢子　C. 担孢子　D. 粉孢子
37. 以下真菌中易侵染受伤鱼类等的是（　　）。
A. 匍枝根霉　B. 黄曲霉　C. 水霉　D. 青霉
38. 如果想在自然条件下培养青霉，最好选用以下材料中的（　　）。
A. 面包　B. 花生米　C. 青菜　D. 柑橘
39. 壳状地衣的各种色彩主要是由于（　　）含有大量的橙色或黄色色素而形成的。
A. 上皮层　B. 下皮层　C. 髓层　D. 藻胞层
40. 地衣中进行光合作用、制造有机物的部分是（　　）。
A. 细菌　B. 藻类　C. 菌丝　D. 叶
41. 同层地衣是指在地衣的结构中没有明显的（　　）。
A. 上皮层　B. 下皮层　C. 髓层　D. 藻胞层
42. 以下不可能找到地衣的地方是（　　）。
A. 裸露的岩石表面　B. 森林中的树木表面
C. 某石化厂厂区　D. 南极
43. 以下属于枝状地衣的是（　　）。
A. 石蕊属　B. 梅花衣属　C. 文字衣属　D. 毡衣属
44. 苔藓植物三个纲中原丝体阶段较为发达的是（　　）。
A. 苔纲　B. 藓纲
C. 角苔纲　D. 以上三者都是
45. 地钱属于（　　）。
A. 苔纲　B. 藓纲　C. 角苔纲　D. 三者都不是
46. 葫芦藓生活史过程中的二倍体阶段是（　　）。
A. 配子体　B. 孢子体　C. 雌器托　D. 雄器托
47. 苔藓植物从孢子囊中散发出的孢子是（　　）。
A. 单倍体　B. 二倍体　C. 多核单倍体　D. 多核二倍体
48. 苔藓植物的孢子萌发首先形成（　　）。
A. 配子体　B. 原丝体　C. 孢子体　D. 芽体
49. 苔藓植物生活史中，减数分裂发生在（　　）。
A. 合子分裂形成胚时　B. 产生精子器和颈卵器时
C. 合子分裂产生孢子时　D. 原丝体发育成配子体时
50. 苔藓植物与藻类植物的共同点是（　　）。
A. 具有颈卵器结构　B. 孢子体发达
C. 受精离不开水　D. 有胚的形成
51. 以下对苔藓植物描述不正确的是（　　）。
A. 高等植物类群　B. 具有颈卵器结构
C. 具有维管组织的分化　D. 受精作用离不开水
52. 地钱胞芽杯中的结构为（　　）。
A. 无性繁殖结构　B. 精子器　C. 颈卵器　D. 孢子体

53．苔藓植物的下列结构中属于孢子体世代的是（　　）。
A．原丝体　B．孢蒴　C．“茎叶”体　D．假根
54．地钱的分枝方式为（　　）。
A．单轴分枝　B．合轴分枝　C．假二叉分枝　D．二叉分枝
55．在苔藓植物的生活史中（　　）。
A．孢子体占优势，配子体不能独立生活
B．配子体占优势，孢子体不能独立生活
C．孢子体占优势，配子体可以独立生活
D．配子体占优势，孢子体可以独立生活
56．以下通常被称为植物界拓荒先锋的植物类群是（　　）。
A．藻类植物　B．菌类植物　C．地衣植物　D．苔藓植物
57．苔藓植物的雄性生殖器官为（　　）。
A．精子器　B．颈卵器　C．雄蕊　D．雌蕊
58．在地衣的生长过程中，藻类的主要作用是（　　）。
A．制造养分　B．吸收水分　C．吸收无机盐类　D．固着作用
59．减数分裂起始于植物生活史中的（　　）。
A．孢子体世代　B．配子体世代　C．无性世代　D．二倍体世代
60．以下蕨类植物类群中具有大型叶的是（　　）。
A．石松亚门　B．真蕨亚门　C．楔叶蕨亚门　D．松叶蕨亚门
61．以下对蕨类植物原叶体描述正确的是（　　）。
A．孢子体　B．配子体　C．营养繁殖体　D．二倍体
62．以下植物类群中受精离不开水的限制的是（　　）。
A．蕨类植物　B．裸子植物　C．被子植物　D．以上三者都是
63．蕨类植物的孢子萌发形成的个体称（　　）。
A．原叶体　B．原丝体　C．孢子体　D．茎叶体
64．蕨类植物的雌性生殖器官为（　　）。
A．精子器　B．颈卵器　C．雄蕊　D．雌蕊
65．以下孢子体具有假根的蕨类植物类群是（　　）。
A．石松亚门　B．真蕨亚门　C．楔叶蕨亚门　D．松叶蕨亚门
66．以下蕨类植物类群中只形成异型孢子的是（　　）。
A．水韭亚门　B．真蕨亚门　C．楔叶蕨亚门　D．松叶蕨亚门
67．在蕨类植物的生活史中（　　）。
A．孢子体占优势，配子体不能独立生活
B．配子体占优势，孢子体不能独立生活
C．孢子体占优势，配子体可以独立生活
D．配子体占优势，孢子体可以独立生活
68．以下蕨类植物类群中精子只有 2 条鞭毛的是（　　）。
A．石松亚门　B．真蕨亚门　C．楔叶蕨亚门　D．松叶蕨亚门

69．以下植物中不属于蕨类植物类群的是（　　）。

A．四叶苹　　B．满江红　　C．苔草　　D．瓶尔小草

70．下列裸子植物类群中茎干通常不分枝的是（　　）。

A．银杏纲　　B．苏铁纲　　C．松柏纲　　D．买麻藤纲

71．以下植物类群中通过种子繁殖后代的是（　　）植物。

A．苔藓　　B．蕨类　　C．被子　　D．藻类

72．某裸子植物孢子体的染色体数为 $2n=24$，则以下有关染色体数描述正确的是（　　）。

A．花粉母细胞染色体数为 $n=12$　　B．种皮染色体数为 $n=12$

C．胚乳染色体数为 $n=12$　　D．胚染色体数为 $n=12$

73．裸子植物的种子裸露，外面没有（　　）的包被。

A．种皮　　B．果皮　　C．表皮　　D．细胞壁

74．裸子植物的维管组织中一般无（　　）。

A．筛管　　B．管胞　　C．筛胞　　D．形成层

75．裸子植物类群之间叶型变化较大，其中以针、鳞、条形叶为主的裸子植物属于（　　）。

A．苏铁纲　　B．银杏纲　　C．松柏纲　　D．买麻藤纲

76．被子植物区别于裸子植物的很重要的特征之一在于被子植物的（　　）。

A．种子外具有种皮包被　　B．种子外具有果皮包被

C．果实外具有果皮包被　　D．果实外没有果皮包被

77．虽然裸子植物被称为颈卵器植物，但（　　）中的颈卵器已经退化甚至不存在了。

A．苏铁纲　　B．银杏纲　　C．松柏纲　　D．买麻藤纲

78．以下不是裸子植物与被子植物共同特征的是（　　）。

A．具有颈卵器结构　　B．具有种子结构

C．具有次生生长　　D．孢子体发达

79．银杏食用的主要部分是（　　）。

A．内果皮　　B．内种皮　　C．胚　　D．胚乳

80．对裸子植物种子世代描述正确的是（　　）。

A．种皮：老的孢子体世代；胚：配子体世代；胚乳：新的孢子体世代

B．种皮：老的孢子体世代；胚：新的孢子体世代；胚乳：老的配子体世代

C．种皮：新的孢子体世代；胚：配子体世代；胚乳：新的孢子体世代

D．种皮：老的孢子体世代；胚：新的孢子体世代；胚乳：新的配子体世代

81．松属植物的雌配子体包括胚乳和颈卵器两部分，它们是由（　　）发育而来的。

A．大孢子　　B．大孢子母细胞　　C．雌配子　　D．合子

82．松属（马尾松）种子上的翅是由（　　）发育而来的。

A．珠鳞的一部分　　B．苞鳞的一部分

C．珠被　　D．珠鳞与孢鳞各一部分

83．下列植物中属于杉科的是（　　）。

A．银杉　　B．红豆杉　　C．水杉　　D．三尖杉

84. 珠鳞与苞鳞通常分离的裸子植物类群是（　　）。
A. 松科　B. 柏科　C. 杉科　D. 罗汉松科
85. 珠鳞与苞鳞通常半合生的裸子植物类群是（　　）。
A. 松科　B. 柏科　C. 杉科　D. 罗汉松科
86. 珠鳞与苞鳞通常合生的裸子植物类群是（　　）。
A. 松科　B. 柏科　C. 杉科　D. 罗汉松科

（三）填空题

1. 双名法是用两个 ________ 单词作为一种植物的名称，第一个单词是 ________，________ 词性，首字母 ________ 写；第二个单词为 ________，________ 词性，首字母 ________ 写，其书写方式为 ________ 体。

2. 编制植物检索表所遵循的原则是 ________ 分类原则，常用的植物检索表有 ________ 检索表和 ________ 检索表两种类型。

3. 植物分类的方法通常有 ________、________ 和 ________。

4. 植物分类的各级单位中，最基本的分类单位是 ________，相同物种之间没有 ________。

5. *Gossypium arboretum* L. 是树棉的学名，其中 *Gossypium* 是 ________ 名，*arboretum* 是 ________，L. 表示树棉这个物种的命名人是 ________。

6. 在种下单位的学名组成中，缩写词 var.、spp.、f.、sp. 含义分别是 ________、________、________ 和 ________。

7. 植物界中具有颈卵器的植物类群有 ________、________ 和 ________。

8. 蓝藻在营养繁殖过程中，由于 ________ 或 ________ 的隔开而形成一段段的 ________。

9. 蓝藻无性繁殖的孢子类型为 ________。

10. 写出以下藻类植物所属的门：发菜 ________；衣藻 ________；硅藻 ________；石花菜 ________；鹿角菜 ________。

11. 甘紫菜的生活史中雄性生殖结构为 ________，雌性生殖结构为 ________。

12. 甘紫菜生活史中会出现果孢子和壳孢子，其中为减数分裂产物的是 ________，由其可直接发育成大紫菜。

13. 在我们所学习过的植物中，属于原核生物的植物有 ________ 和 ________。

14. 海带孢子体分为 ________、________ 和 ________。

15. 藻类不同类群具有不同的叶绿体形态，如衣藻中为 ________ 形，水绵中为 ________ 形。

16. 红藻能生活在深海之中是因为红藻的载色体中含有 ________ 素。

17. 根据细菌的形态，可将其分为 ________、________ 和 ________ 三类。

18. 根据细菌获取营养的方式，一般可将细菌分为 ________ 和 ________。

19. 真菌是一类 ________ 光合色素、________ 养的真核生物。

20. 写出以下几类菌的菌丝类型：水霉，________ 隔菌丝；根霉，________ 隔菌丝；蘑菇，________ 隔菌丝；稻瘟病菌，________ 隔菌丝。

21. 菌类植物的营养方式主要是 ________ 方式，这是由于在其体内不含有 ________，因此不能进行光合作用。

22. 子囊菌的子实体又称为 ________，它可分为 ________、________ 和 ________ 三种类型。

23. 担子菌的双核菌丝可进行一种特殊的细胞分裂方式，即 ________ 联合。

24. 冬虫夏草的实质是一种子囊菌，其子囊孢子萌发进入鳞翅目昆虫如蝙蝠蛾的幼虫体内形成的 ________，开春后从虫体内长出 ________。

25. 地衣植物是由某些藻类和菌类共同组合而成的一类互利互惠的 ________ 复合体。

26. 地衣植物根据形态的不同可分为 ________ 地衣、________ 地衣和 ________ 地衣。

27. 地衣植物的繁殖方式取决于地衣内 ________ 的类型和特性。

28. 苔藓植物的生活史中 ________ 占优势，________ 不能独立生活。

29. 苔藓植物的孢子体分为 ________、________ 和 ________ 三部分。

30. 在蕨类植物的生活史中，________ 和 ________ 都能独立生活，且 ________ 占优势。

31. 蕨类植物的叶根据形态特征的不同分为 ________ 和 ________；根据功能的不同又分为 ________ 和 ________。

32. 蕨类植物已有 ________、________、________ 等器官的分化；组织结构上有 ________ 的分化；生活史中具有两种独立生活的植物体：________ 和 ________。

33. 薄囊蕨纲分 ________、________、________ 三目。

34. 蕨的原叶体是它生活史中的 ________ 世代，其细胞中染色体倍数为 ________。

35. 蕨类植物通常分为 ________、________、________、________、________5 个亚门。

36. 人们利用红萍（满江红）作绿肥，主要是由于它可以和 ________ 门的 ________ 属植物共生，起 ________ 作用。

37. 真蕨亚门与其他 4 个亚门的显著区别是具有 ________，叶幼时 ________；孢子囊常集聚成 ________。苹目、槐叶苹目与真蕨目的最大区别点是生境为 ________ 生，孢子囊群藏于特化了的 ________ 内，孢子 ________ 型。

38. 真蕨植物孢子囊群通常生在 ________ 的 ________ 面，水生蕨类孢子囊群通常生在特化的 ________ 内。

39. 真蕨纲植物孢子囊群的着生位置和形状是重要的分类学依据，如紫萁的孢子囊群为 ________，蕨的孢子囊群为 ________，鳞毛蕨的孢子囊群为 ________。

40. 孢子体不经过孢子而产生配子体的现象称 ________，配子体不经过配子的结合而直接产生孢子体的现象称 ________。

41. 裸子植物的种子组成包含着三个世代。种皮来源于 ________，属于 ________ 世代；胚来源于 ________，属 ________ 世代；胚乳来源于 ________，属于 ________ 世代。

42. 松属植物的小孢子叶球着生于当年生长枝的 ________ 部，大孢子叶球着生于当年新生长枝的 ________ 部，小孢子叶的背面有一对 ________，大孢子叶（珠鳞）的基部近轴面着生 2 个 ________。

43. 现代松柏纲植物通常分为 ________、________、________ 和 ________4 个科。

44. 松属植物在传粉的时候，胚珠内包含的生殖细胞称为 ________，到第二年春天的 3 月份形成 ________，第二年的 5 月份包含 ________，到 10 月份，胚珠发育为 ________。

45. 写出下列植物的系统位置：

①水杉：________纲________科；②银杉：________纲________科；
③竹柏：________纲________科；④麻黄：________纲________科。

46. 裸子植物中只有银杏科和________科的精子具鞭毛。

47. 裸子植物（以松属为代表）小孢子发育到精子需分裂________次，被子植物需分裂________次。

48. 植物界的演化规律在生态习性上的进化总趋势表现为植物由________生进化到________生，在进化过程中，植物对环境的适应性不断增强。

（四）连线题

1. 藻类植物。

发菜	红藻门	海泡菜
水绵	绿藻门	裙带菜
海带	蓝藻门	石花菜
紫菜	褐藻门	石莼

2. 菌类植物。

根霉	半知菌纲
水霉	担子菌纲
青霉	子囊菌纲
禾锈菌	接合菌纲
水稻纹枯菌	鞭毛菌纲

3. 裸子植物大孢子叶的名称配对。

盖被	松柏纲
珠鳞	银杏纲
套被	红豆杉纲（罗汉松科）
羽毛状	红豆杉纲（红豆杉科）
珠领	买麻藤纲
珠托	苏铁纲

（五）简答题

1. 试区别亚种、变种、变型与原有种的区别与联系。

2. *Magnolia grandiflora* L. 是木兰科木兰属广玉兰的拉丁名（学名），你能正确解读广玉兰学名三个词的含义吗？

3. 请根据以下几个类群植物形态描述编制一份类群分类检索表。

藻类植物：属于原植体植物，植物体没有根、茎、叶的分化，生殖过程中没有胚的出现，植物体内有叶绿素或其他光合色素，营自养生活。

菌类植物：菌类植物是一类没有光合色素不能自养的类群，其植物体由单细胞个体或多细胞群体组成，生殖过程中不形成胚的结构。

地衣植物：是一类藻类和菌类共生体，植物体多为叶状、枝状等，无根、茎、叶的分化。

苔藓植物：植物体多为叶状体或茎叶体，有单细胞构成的假根。

蕨类植物：植物体具有根、茎、叶的分化，具有真正的根，通过孢子繁殖后代。

种子植物：以种子繁殖后代的一类植物的总称，植物体具有根、茎、叶的分化，维管组织发达。

4. 请在下列名词中选出与藻类有关的名词，并将其连成一段话，描述藻类的基本特征。

种子植物　低等植物　高等植物　水中生活　陆地生活　自养　异养　无根、茎、叶分化　具有维管组织的分化　有胚植物　生殖细胞为单细胞　单细胞个体　丝状体　片状体　多细胞群体　孢子体　配子体　世代交替　光合色素　多种色素种类

5. 藻类植物主要生活于水中，试从藻类植物的细胞结构特征及生殖特征分析其对水中生活的适应性。

6. 试分析为什么在城市中很少有地衣的分布。

7. 请从形态结构及生殖特性等方面分析苔藓植物是水生到陆生的过渡类型。

8. 请将以下名词按照蕨类植物生活史中出现的先后顺序正确排序，形成蕨类植物生活史简图：颈卵器；配子；胚；合子；减数分裂；精子器；孢子；卵细胞；精子；受精作用；孢子体；原叶体；配子体；孢子囊。

9. 试从蕨类植物的中柱类型的变化分析其演化关系。

10. 蕨类植物和苔藓植物比较哪个更进化？为什么？

11. 试述裸子植物不同纲的主要识别特征，并举例说明。

12. 买麻藤纲被称为“裸子植物中没有颈卵器的颈卵器植物”，试解释这句话的含义。

三、参考答案

（一）判断题

1. F　2. T　3. F　4. F　5. T　6. F　7. T　8. T　9. F　10. F　11. F　12. T
13. F　14. T　15. T　16. F　17. T　18. F　19. F　20. F　21. F　22. F　23. F
24. F　25. F　26. T　27. T　28. F　29. F　30. T　31. T　32. F　33. F　34. T
35. F　36. T　37. F　38. F　39. T　40. F　41. T　42. T　43. F　44. F　45. T
46. T　47. F　48. T　49. T　50. F　51. T　52. T　53. F　54. T　55. F　56. T
57. F　58. T　59. T　60. F　61. T　62. F　63. T　64. F　65. T　66. F　67. F
68. F　69. T　70. T　71. F　72. T　73. F　74. T

（二）单项选择题

1. B　2. A　3. D　4. C　5. A　6. B　7. A　8. D　9. C　10. B　11. D　12. A
13. C　14. A　15. C　16. B　17. C　18. B　19. D　20. C　21. D　22. B
23. A　24. C　25. B　26. B　27. B　28. B　29. B　30. D　31. C　32. D
33. B　34. B　35. D　36. C　37. C　38. D　39. D　40. B　41. D　42. C
43. A　44. B　45. A　46. B　47. A　48. B　49. C　50. C　51. C　52. A
53. B　54. D　55. B　56. C　57. A　58. A　59. B　60. B　61. B　62. A
63. A　64. B　65. D　66. A　67. C　68. A　69. C　70. B　71. C　72. C
73. B　74. A　75. C　76. B　77. D　78. A　79. D　80. B　81. A　82. A
83. C　84. A　85. C　86. B

（三）填空题

1. 拉丁文，属名，名词，大，种加词，形容词，小，斜　2. 二歧，平行，等距

3．人为分类法，自然分类法，系统分类法　4．种，生殖隔离　5．属，种加词，林奈　6．变种，亚种，变型，种　7．苔藓植物，蕨类植物，裸子植物　8．异形胞，厚垣孢子，藻殖段　9．厚垣孢子　10．蓝藻门，绿藻门，金藻门，红藻门，褐藻门　11．精子囊，果胞　12．壳孢子　13．蓝藻，细菌　14．带片，柄，假根　15．杯状，带（丝）状　16．藻红　17．杆菌，球菌，螺旋菌　18．寄生细菌，腐生细菌　19．无，异　20．无，无，有，有　21．异养，叶绿素　22．子囊果，子囊壳，闭囊壳，子囊盘　23．锁状　24．子囊果（子囊壳），子实体　25．共生　26．叶状，枝状，壳状　27．菌类植物　28．配子体，孢子体　29．孢蒴，蒴柄，基足　30．配子体，孢子体，孢子体　31．单叶，复叶，营养叶，生殖叶　32．根，茎，叶，维管组织，配子体，孢子体　33．真蕨目，苹目，槐叶苹目　34．单倍体（配子体），n　35．石松亚门，水韭亚门，松叶蕨亚门，楔叶蕨亚门，真蕨亚门　36．蓝藻，鱼腥藻，固氮　37．大型叶，拳卷，囊群盖，水，孢子果，异　38．叶，背，孢子果　39．圆球形，线形，圆肾形　40．无孢子生殖，无配子生殖　41．营养体，老的孢子体（二倍体），受精卵，新的孢子体（二倍体），雌配子体，配子体（单倍体）　42．叶腋，顶，小孢子囊（花粉囊），（倒生）胚珠　43．松柏科，罗汉松科，三尖杉科，红豆杉科　44．大孢子母细胞，卵细胞，受精卵，种子　45．①松柏，杉；②松柏，松；③松柏，罗汉松；④麻黄，麻黄　46．苏铁　47．3，2　48．水，陆

（四）连线题

1．藻类植物配对如下。

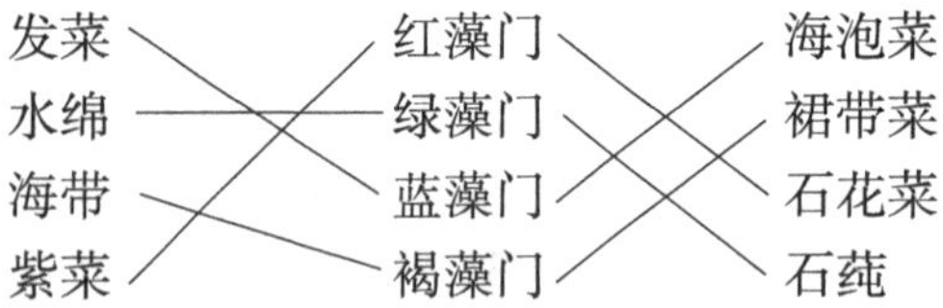

2．菌类植物配对如下。

3．裸子植物大孢子叶的名称配对如下。

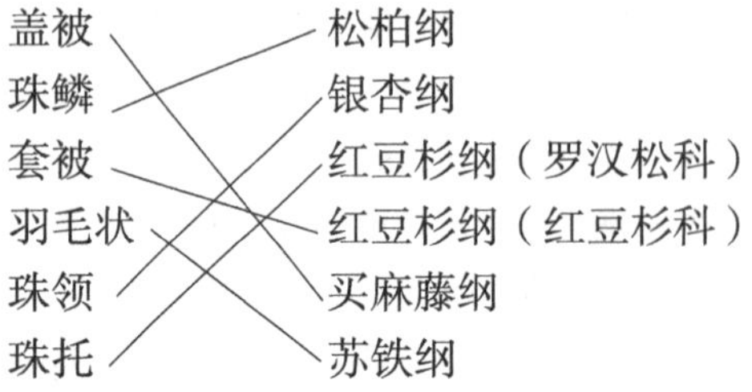

（五）简答题

1．答：亚种是指与原有种相比，具有一定的自然分布区，与原种的形态结构和生理上有显著特征性差异，为可遗传变异；变种则是指在相同的自然环境条件下，与原种的

形态结构存在较小的差别，这些特征是种内个体在不同环境条件影响下所产生的，是可遗传变异；变型是同一种内的植物，在形态上表现出与原有种有差异的个体群，其变异较变种更小，且不稳定，也不能遗传。

2. 答：*Magnolia* 是属名，表示为木兰属，为名词性质；*grandiflora* 是广玉兰的种加词，是对广玉兰这个种的特征描述，为形容词性，含义为大花的；L. 表示对广玉兰的命名人的姓氏林奈的缩写。

3. 答：

1. 植物体无根、茎、叶的分化，无胚……………………………………………… 2
1. 植物有根、茎、叶的分化，有胚………………………………………………… 4
2. 植物为菌类和藻类所组成的共生体 ……………………………………… 地衣植物
2. 植物体不为菌类和藻类所组成的共生体 ………………………………………… 3
3. 植物体内不含有叶绿素或其他光合色素，为异养生活方式 …………… 菌类植物
3. 植物体内含有叶绿素或其他光合色素，为自养生活方式 ……………… 藻类植物
4. 植物体有茎、叶，无真正的根 …………………………………………… 苔藓植物
4. 植物体有茎、叶，也有真正的根 ………………………………………………… 5
5. 不产生种子，用孢子繁殖 ………………………………………………… 蕨类植物
5. 用种子繁殖 ………………………………………………………………… 种子植物

4. 答：藻类植物属于低等植物；水中生活；含有光合色素，自养生活，此外，不同藻类含有不同的色素种类，可作为其分类的依据；植物体无根、茎、叶的分化，多为单细胞个体，或由多细胞群体构成丝状体或片状体；生殖细胞为单细胞，具有有性生殖的孢子体不能独立生活，依附于配子体而生存。

5. 答：藻类植物结构简单，无根、茎、叶的分化，植物体多为单细胞或简单的多细胞结构，单细胞或多细胞（丝状、叶状）群体。在营养生长时具鞭毛，能自由游动；藻类的生殖有营养繁殖、无性繁殖和有性生殖，生殖器官多数是单细胞，生殖细胞多借助于鞭毛游动，合子不发育成多细胞的胚。

6. 答：①地衣喜光，怕空气污染。大多数地衣为喜光植物，同时也要求空气新鲜。因此，在人烟密集的城市或有污染的工业区很难见到地衣植物。②地衣能生活在干旱和寒冷环境。地衣能忍受长期干旱，干旱时休眠，雨后恢复生长。因此，地衣可生活在峭壁、岩石、树皮或沙漠地上。地衣的耐寒性很强，在高山带、冻土带和南、北极地区，其他植物不能生存，而地衣能够生长、发育、繁殖得很好，常常形成一望无际的广袤地衣群落，成为高山、极地动物的主要食物。

7. 答：苔藓植物类群是水生到陆生的过渡类型，其理由见表 2-7。

表 2-7 苔藓植物类群是水生到陆生过渡类型的理由

	水生适应性	陆生适应性
形态结构	假根由单细胞或单列细胞组成；部分植物体呈扁平的叶状体。以上两点表明其需要生存在有水的环境中	小型多细胞绿色植物，有假根和类似茎、叶的分化，在较高等种类的假根中有类似于组织的细胞群，可适应于陆地生活
生殖特性	孢子体不能独立生活，生殖器官结构简单，受精必须借助于水完成	生活史具有明显的世代交替；生殖器官由多细胞构成

8．答：蕨类植物生活史如图 2-28 所示。

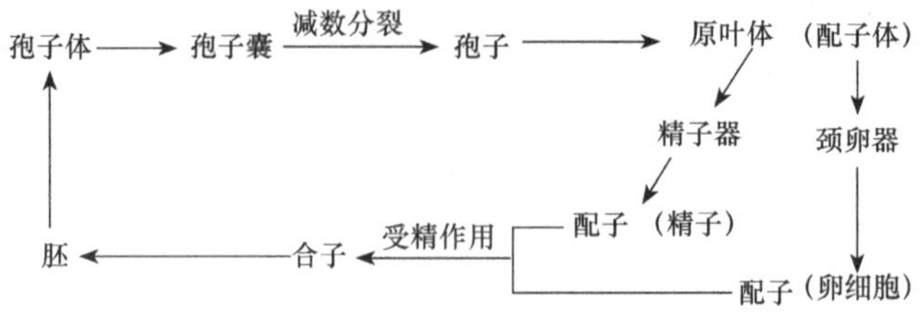

图 2-28　蕨类植物生活史图示

9．答：莱尼蕨被认为是最早出现的陆生植物的原始代表，其中柱类型为最简单的单中柱；如果木质部向四周辐射呈脊状突起则形成星状中柱如松叶蕨；当韧皮部生长侵入木质部，使其成为不连续的结构，这就演变成编织中柱，如石松及其他植物的幼茎。但是，以上三种中柱由于内部都没有髓部的出现，因而都属于原生中柱。随着陆生植物不断进化，维管组织也进一步复杂化，中央出现髓部成为管状中柱，如卷柏；如果节的部位叶隙密集，从而使中柱产生许多裂隙，从横切面看被割成一束束，每一束中央为木质部，外围为韧皮部，韧皮部外为内皮层，形成网状中柱，如蕨等许多蕨类植物。

10．答：蕨类植物比苔藓植物更为进化。这可以从植物体的形态结构、生活环境及生殖器官特征来分析（表 2-8）。

表 2-8　蕨类植物比苔藓植物进化的理由

	苔藓植物	蕨类植物
形态结构	无真正的根，无维管组织的分化	具有根、茎、叶的分化，有大型叶结构，出现维管组织；孢子体发达
生活环境	阴湿生活环境	分布较广
生殖器官特征	配子体发达，孢子体不能独立生活	孢子体发达，配子体独立生活

11．答：裸子植物不同纲的主要识别特征及其代表植物如下。

苏铁纲：常绿木本，茎粗壮，常不分枝。叶螺旋状排列，营养叶大型，羽状深裂，集生于枝顶，雌雄异株，孢子叶球顶生，如苏铁。

银杏纲：落叶乔木，叶扇形，二叉，枝条有长、短枝之分，雌雄异株，小孢子叶柔荑花序状，大孢子叶 2，形成珠领结构，各生一个直生胚珠，种子核果状，如银杏。

松柏纲：乔木，稀灌木，茎有长、短枝之分，茎无导管，输导组织为管胞和筛胞，具树脂道，叶单生成束，针形、鳞形、钻形、条形或刺形，叶表皮常具下陷气孔。孢子叶球单性，常排列成球果状。精子无鞭毛，球果的种鳞与苞鳞离生、半合生或完全合生，如雪松。

红豆杉纲：木本，叶条形、披针形或鳞形，孢子叶球单性异株，稀同株。胚珠生于盘状或漏斗状珠托上，或包于杯状或囊状套被中，种子具肉质的假种皮或外种皮，如红豆杉。

买麻藤纲：多灌木，次生木质部具导管，无树脂道。叶对生或轮生，叶片膜质鞘状，阔叶或肉质带状叶，孢子叶球单性，或有两性痕迹，有类似于花被的盖被（假花被），盖被膜质、革质或肉质，颈卵器极其退化或无，成熟大孢子叶球球果状、浆果状或穗状，种子包被于由盖被发育而成的假种皮中，如木麻黄。

12. 答：买麻藤纲被称为“裸子植物中没有颈卵器的颈卵器植物”，其含义可从分类地位分析，买麻藤纲属于裸子植物，由于裸子植物的雌性生殖器官为颈卵器，因此又被称为颈卵器植物，而买麻藤纲的颈卵器极其退化或无，成熟的大孢子叶通常为球果状、浆果状或穗状，因此买麻藤纲是“裸子植物中没有颈卵器的颈卵器植物”。

第六章　被子植物主要分科概述

一、知识要点提示

（一）知识要点概述

1. 被子植物的主要特征

被子植物是植物界中最高级、分布最广的类群，孢子体高度发达，配子体进一步退化（雄配子体即单核花粉粒只有 2～3 个细胞，雌配子体即胚囊只有 7 个细胞），具有真正的花，雌蕊由心皮形成子房，胚珠受子房壁保护，成熟后的种子包被于果皮之内。

2. 被子植物分类的形态学术语

对被子植物的形态学特征描述，尤其是花、花序和果实的特征，是野外及室内初步鉴定植物类群的主要依据，因此准确理解和掌握这些术语所描述的形态特征，是学好分类学的基础。

根据茎的质地可分为木本（木质）、草本（草质）及藤本（又可分为木质藤本和草质藤本）；按茎的生长习性可分为直立茎、匍匐茎、平卧茎、攀缘茎及缠绕茎等；有些植物的茎还会变态形成茎刺、块茎、根状茎等。

叶序是叶在茎上的排列方式，有互生、对生、轮生、基生等；叶的类型有**单叶**、**复叶**（由小叶组成，小叶又有各种不同的排列方式）之分；**叶脉**类型常分为羽状脉、掌状脉、平行脉、三出脉；叶形、叶裂、叶尖、叶基、叶缘、叶被毛的特点等都有不同的特征。

花有**单生花**和**花序**之分，对一朵花的描述根据其对称性可分为辐射对称、两侧对称、不对称；根据花被及雌雄蕊的特征，花可分为无被花、单被花、双被花、单性花（雌雄同株、异株、杂性）、两性花、中（无）性花等；根据花瓣的离生与合生状态，花有离瓣花和合瓣花之分；根据花冠形态，花冠类型有舌状、筒状、漏斗状、种状、轮状、十字形、蝶形、蔷薇形等；根据雄蕊的数目及着生方式，雄蕊类型可分为**单体雄蕊**、**二体雄蕊**、**二强雄蕊**、**四强雄蕊**、**多体雄蕊**、**聚药雄蕊**、雄蕊多数等，部分雄蕊的基部与花冠合生，又称为**冠生雄蕊**；根据组成雌蕊的心皮数目、联合程度，雌蕊有**单雌蕊**、**离生单雌蕊**、**复雌蕊**之分；根据子房与花被片的着生部位，有子房上位、子房下位或子房半下位三类；子房中的**胎座类型**通常有顶生胎座、基生胎座、边缘胎座、中轴胎座、侧膜胎座、特立中央胎座等；**胚珠类型**可分为倒生胚珠、直生胚珠、横生胚珠、弯生胚珠等。以上术语或特征是被子植物分类的重要依据。

花序是指数朵小花着生于花序轴上，花序的类型可根据花在花序轴上的开花顺序分为**无限花序**（下→上，边缘→中央）和**有限花序**，无限花序根据花在花序轴上的排列方式、花梗的长短、花序轴的形态差异等分为总状花序、穗状花序、肉穗花序、伞形花序、伞房花序、头状花序、隐头花序等类型，花序又可作为基本单位形成多种复合花序，如菊科植物的多个头状花序又可排列成复总状（又称圆锥花序）、聚伞状、伞房状花序等；有限花序可分为聚伞花序和轮伞花序。

3. 被子植物分科（部分）识别要点［1）～26）为双子叶植物纲，27）～32）为单子叶植物纲］

1）木兰科（Magnoliaceae）

木本，单叶互生、全缘，托叶早落，具托叶痕；单生花，单被花，两性整齐花，雄蕊及雌蕊多数分离，螺旋状排列于柱状花托，子房上位；多为蓇葖果。

2）樟科（Lauraceae）

木本，具香气，单叶互生、全缘，无托叶；花两性，3 基数，轮状排列，子房上位；核果。

3）毛茛科（Ranunculaceae）

多草本，单叶多裂或复叶；花两性，5 基数；花萼和花瓣均离生，雄蕊和雌蕊多数离生，子房上位；聚合蓇葖果或聚合核果。

4）金缕梅科（Hamamelidaceae）

木本，具星状毛；单叶互生，常 2 列，多有托叶；花常成总状、穗状、头状花序，4～5 基数，两性或单性（雌雄同株），子房下位，2 心皮合生；蒴果木质。

5）桑科（Moraceae）

木本，常具乳汁，单叶互生，有时浅裂，托叶早落；花小，单性异株或同株，单被花，簇生或成花序，花序轴常增粗并各式变态，子房上位，2 心皮合生；核果或瘦果，常形成聚花果。

6）榆科（Ulmaceae）

木本，单叶互生，2 列，单或重锯齿，叶基常偏斜；花小，单被花，雄蕊与花被同数对生，花丝在芽中直立，子房上位，2 心皮合生；翅果或小坚果。

7）壳斗科（Fagaceae）

木本，单叶互生，螺旋状排列，羽状脉直达叶缘；单性花，雌雄同株，雄花成柔荑花序，雌花 1～3 朵生于壳斗状总苞内，子房下位；坚果（具壳斗）。

8）石竹科（Caryophyllaceae）

草本，茎节膨大，单叶对生，全缘；两性花，4～5 基数，花萼宿存，花瓣 4～5，常 2 浅裂，有时具“爪”，子房上位，特立中央胎座；常为蒴果。

9）苋科（Amaranthaceae）

草本或半灌木，单叶互生，常全缘或波状，无托叶，茎节有时膨大；花小，单被花，常肉质或干膜质，雄蕊与花被片同数对生，子房上位，2～3 心皮合生，基底胎座；多为胞果。

10）蓼科（Polygonaceae）

多草本，节常膨大，单叶互生，全缘，具膜质托叶鞘；两性花，单被花，子房上位，常 2～3 心皮合生，基底胎座；坚果，常具棱角。

11）山茶科（Theaceae）

木本，单叶互生，常革质，无托叶。花两性，5 基数，单生于叶腋，辐射对称，离生或基部稍合生，雄蕊多数，子房上位，3～5 心皮合生，中轴胎座；常为蒴果。

12）锦葵科（Malvaceae）

木本或草本，茎皮富含纤维，单叶互生，常为掌状脉或掌状裂，具托叶；花两性或单性，5 基数，辐射对称，具副萼，单体雄蕊，花药单室或 2 室，子房上位，2 至多心皮合生，中轴胎座；蒴果或分果。

13）葫芦科（Cucurbitaceae）

草质藤本，茎卷须侧生于叶腋，单叶互生，掌裂，无托叶；单性花（同株或异株），雄花花萼常 5 裂，花瓣 5，合生呈钟状，雄蕊 3，常弯曲成“S”形，子房下位，3 心皮合生，侧膜胎座；瓠果。

14）杨柳科（Salicaceae）

木本，单叶互生，有托叶；单性花（异株），无被花，柔荑花序，常先叶开放，花被退化成花盘或蜜腺，雄蕊 2 至多数；子房上位，2 心皮合生，侧膜胎座；蒴果。

15）十字花科（Cruciferae）

草本，常有辛辣汁液，单叶互生，无托叶；总状花序，两性花，4 基数，十字形花冠，4 强雄蕊，子房上位，2 心皮合生，侧膜胎座具假隔膜；角果。

16）蔷薇科（Rosaceae）

茎常有刺及皮孔，单叶或复叶，常互生，有托叶；两性花，辐射对称，5 基数，离瓣花，雄蕊常多数，离生，子房上位或下位，心皮多数离生到合生或 1 心皮。

17）豆科（Fabaceae）

木本或草本，常有根瘤，单叶或复叶，常互生，叶枕发达，有托叶。花两性，5 基数，辐射对称至两侧对称（蝶形或假蝶形花冠），具有短的花托杯，雄蕊 1 至多数，常 10 枚成二体雄蕊，子房上位，1 心皮 1 室，边缘胎座；荚果。

18）大戟科（Euphorbiaceae）

植物体常具乳汁，多单叶，少复叶，常具托叶；花单性多同株，花瓣常缺，雄蕊 1 至多数，子房上位，3 心皮合生，中轴胎座；多蒴果。

19）芸香科（Rutaceae）

木本，常具枝刺，多为羽状复叶或单身复叶，常有透明油点，无托叶；两性或单性花，萼片、花瓣常 4～5，雄蕊 4～10 或多数，子房上位，心皮 4～5 或多数，通常合生；常为柑果或浆果。

20）伞形科（Umbelliferae, Apiaceae）

草本，具芳香味，茎常中空，叶互生，常有膨大鞘状叶柄；复伞形花序，两性花，5 基数，下位子房，2 心皮合生；双悬果。

21）茄科（Solanaceae）

常草本，单叶互生，无托叶；两性花，辐射对称，5 基数，钟状、漏斗状或筒状，具明显的折叠线，花萼宿存，果时增大，雄蕊 5，子房上位，2 心皮合生；浆果或蒴果。

22）唇形科（Labiatae, Lamiaceae）

常为草本，含芳香油，茎常四棱形，叶对生，无托叶；轮伞花序，两性花，多为唇形花冠，二强雄蕊，子房上位，2 心皮合生，常 4 深裂，中轴胎座；小坚果。

23）木犀科（Oleaceae）

木本，叶对生，无托叶；两性花，合瓣花，辐射对称，4 基数，冠生雄蕊 2，子房上位，2 心皮合生，中轴胎座；核果、浆果或蒴果。

24）玄参科（Scrophulariaceae）

常草本，单叶对生，或互生而螺旋状；两性花，唇形花冠，常为二强雄蕊，子房上位，2 心皮合生，中轴胎座；蒴果。

25）菊科（Asteraceae）

常草本，单叶互生，有时深裂或多裂，无托叶；头状花序由苞片组成的总苞围绕，合瓣花冠（舌状、筒状、漏斗状），花萼常变态为冠毛，聚药雄蕊，子房下位，2 心皮 1 室；基底胎座，瘦果。

26）泽泻科（Alismataceae）

水生或沼生草本，具根状茎，具乳汁管，单叶全缘，叶柄基部具叶鞘；两性或单性花，3 基数，雄蕊 6 至多数；心皮 6 至多数，离生，子房上位；聚合瘦果。

27）天南星科（Araceae）

草本，常具根茎或球茎，叶互生或基生，发育良好，基部有鞘，花小，两性或单性，聚集成肉穗花序，花序下或外有色彩艳丽的佛焰苞，子房上位；浆果。

28）莎草科（Cyperaceae）

草本，常具根茎，秆三棱形，实心，叶基生或秆生，常 3 列，叶片条形，叶鞘闭合，花小，组成小穗，再由小穗组成各种花序。

29）禾本科（Gramineae）

草本（竹子多为木本），有或无地下茎，地上茎（秆）圆柱形，中空有节，单叶常 2 列，互生，叶鞘一侧开裂；小穗由两列紧密重叠的基部苞片（颖片）和小花组成，是禾本科植物鉴定的主要特征；多为颖果，粮食作物所在重点科。

30）百合科（Liliaceae）

多年生草本，常具根状茎、块茎或鳞茎，叶基生或茎上互生，稀对生或轮生；常两性整齐花，3 基数，花被花瓣状，常有斑点或线纹，子房上位，中轴胎座；蒴果。

31）石蒜科（Amaryllidaceae）

多年生草本，具鳞茎，叶多基生，全缘；单生花或近伞形花序，顶生于 1 个长的花葶，两性整齐花，3 基数，花被花瓣状，多无斑点，子房下位；蒴果。

32）兰科（Orchidaceae）

多年生草本，须根肥壮，常有根状茎或块茎；花两侧对称，3 基数，花被 2 轮，外 3 枚花萼状，内 3 枚花瓣状，中央近轴 1 枚特化为唇瓣，雄蕊和雌蕊合生成合蕊柱，花粉结合成花粉块，子房下位，侧膜胎座，种子极多，微小。

4. 被子植物的起源与系统演化

推测被子植物最早起源于早白垩纪，对被子植物的起源有两种不同的学说：一种是以恩格勒为代表所主张的**假花学说**，即认为被子植物的一朵完全花是由单性孢子叶球的鳞片腋内特化产生的一朵最原始的单性的无被花，整个孢子叶球便成为一个柔荑花序，因而主张被子植物原始类群是柔荑花序类（壳斗、胡桃、杨柳、杜仲等），近年来这种观点已不太被支持。另一种是以哈钦松等为代表所主张的**真花学说**，即被子植物的花是本内苏铁目的两性孢子叶球演化而来的，多心皮类（木兰、毛茛、睡莲等）为被子植物的原始类群，常绿、木本、单叶、全缘、花各部分离、螺旋状排列、单被花、辐射对称、雄蕊无花丝分化、单沟花粉等为较原始性状，草本、复叶、柔荑花序类、单性花、花部定数等是较为进化的特征。

（二）知识结构图解

1. 形态分类相关术语

形态分类相关术语见图 2-29。

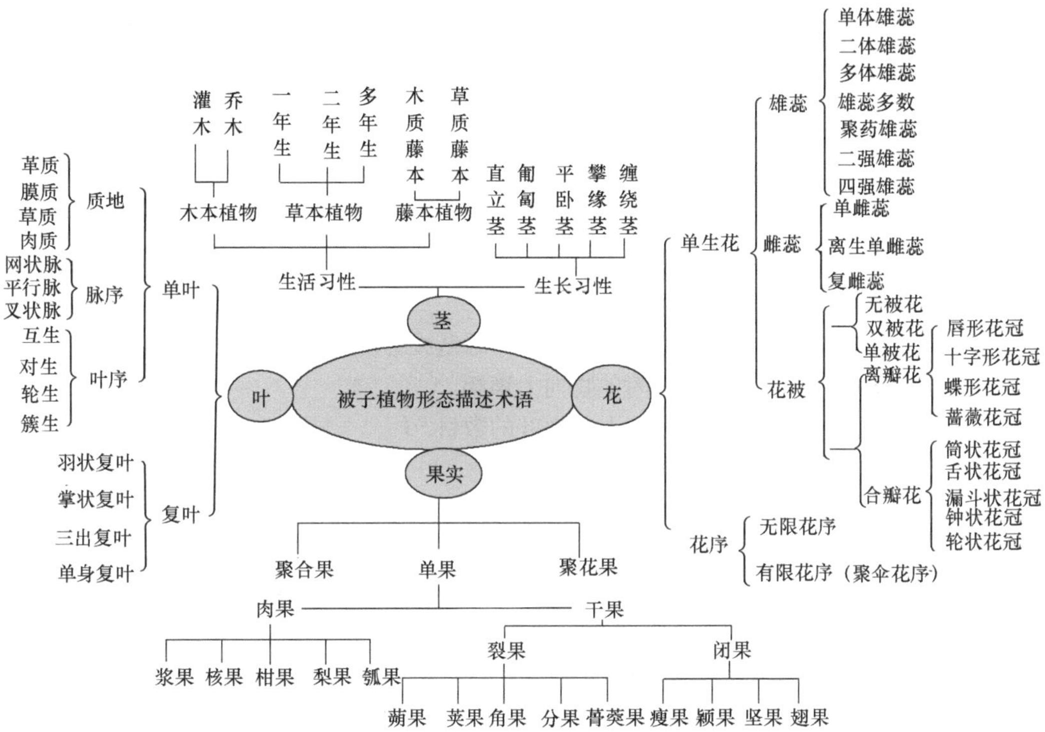

图 2-29　形态分类相关术语

2. 无限花序类型差异图解

无限花序类型的差异见图 2-30。

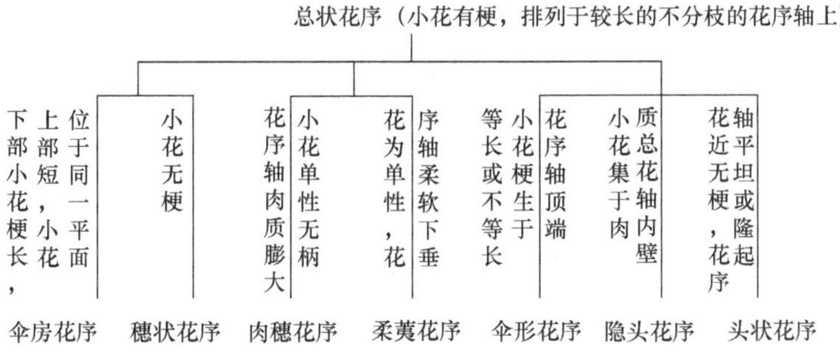

图 2-30　无限花序类型差异图解

3. 单、双子叶植物形态特征的比较

单、双子叶植物形态特征的比较见表 2-9。

表 2-9　单、双子叶植物形态特征的比较

	双子叶植物	单子叶植物
根（根系类型）	多为直根系	多为须根系
茎（维管束）	排成环状	散生
叶（叶脉）	网状脉	平行脉
花（基数）	4 或 5 基数	多为 3 基数
胚（子叶数目）	2	1

二、思考与练习

（一）判断题

1. 判断木本植物和草本植物的依据是观察其茎的质地。(　　)
2. 木本植物一般具有次生生长，而草本植物没有次生生长。(　　)
3. 冬小麦上年秋播种，次年夏末秋初收割，为一年生草本植物。(　　)
4. 藤本植物属于草本植物。(　　)
5. 从茎的生长习性看，藤本植物往往是攀缘茎或缠绕茎。(　　)
6. 攀缘茎和缠绕茎都可以依附他物向上攀爬。(　　)
7. 判断叶序的依据是单个茎节上着生叶的数目。(　　)
8. 三出复叶是指脉序为三出脉的复叶。(　　)
9. 所有唇形花冠具有相似的形态，即花冠基部筒状，上唇两枚、下唇三枚花瓣合生。(　　)
10. 一朵花中所有的花药合生、花丝分离，这种雄蕊类型为单体雄蕊。(　　)
11. 一朵花中所有的花丝合生、花药分离，这种雄蕊类型为聚药雄蕊。(　　)
12. 一朵花中具 4 枚雄蕊，花丝两长两短，这种雄蕊类型称为二体雄蕊。(　　)
13. 单被花是指只有花萼或花被的花。(　　)
14. 侧膜胎座和边缘胎座所属的子房都只有一个子房室。(　　)
15. 单子叶植物的叶脉多为平行叶脉，而双子叶植物的叶脉多为网状叶脉。(　　)
16. 单叶与复叶的区别是单叶一根枝条上只有一张叶，而复叶有多张叶。(　　)
17. 禾本科植物的小穗一般由小穗轴、稃片和数朵小花组成。(　　)
18. 有限花序的开花顺序是由下向上，或是由边缘向中央。(　　)
19. 无限花序的开花顺序是由下向上，或是由边缘向中央。(　　)
20. 柔荑花序的主要特征之一是花序轴柔软下垂。(　　)
21. 荚果由单心皮子房发育而来，而角果是由二心皮子房发育而来。(　　)
22. 木兰科植物的雄蕊常表现出花丝长于花药的特性。(　　)
23. 木兰属与含笑属的区别特征之一在于含笑属的花常腋生。(　　)
24. 樟科的花为 3 基数，因此属于单子叶植物。(　　)
25. 杨柳是杨柳科的一种植物。(　　)
26. 壳斗科植物“壳斗”的本质是木质化的苞片。(　　)
27. 葫芦科植物为常见的瓜果类植物所在科，如木瓜、西瓜等。(　　)
28. 蔷薇科的植物都具有发达的皮刺。(　　)
29. 蔷薇亚科的植物多数具有发达的皮刺。(　　)

30. 单体雄蕊是识别锦葵科植物的重要特征。(　　)
31. 锦葵科植物的纤维来源主要是种子的表皮毛和韧皮纤维。(　　)
32. 葡萄科与葫芦科都具有茎卷须结构。(　　)
33. 聚药雄蕊是菊科的主要识别特征。(　　)
34. 西瓜和黄瓜的胎座类型不同，西瓜为中轴胎座，黄瓜为侧膜胎座。(　　)
35. 红豆杉属于豆科植物，其形成的果实俗称红豆。(　　)
36. 豆科植物的花冠为蝶形花冠。(　　)
37. 豆科植物的果实类型多为荚果。(　　)
38. 葫芦科具有众多的瓜类植物，其果实类型为瓠果。(　　)
39. 豆梨是蔷薇科植物，其花为下位子房，因此可推断其属于苹果亚科。(　　)
40. 二体雄蕊特指一朵花中雄蕊 10 枚，9 枚的花丝联合、另 1 枚单生的雄蕊类型。(　　)
41. 二体雄蕊是豆科的重要识别特征之一。(　　)
42. 柑橘的果实类型为柑果，食用部分是内果皮上所生的囊状多头的毛状体。(　　)
43. 头状花序、聚药雄蕊、子房下位、瘦果是菊科植物所具有的特征。(　　)
44. 蒲公英种子上的毛状物是花瓣的变形。(　　)
45. 菊科管状花亚科的植物通常具有乳汁。(　　)
46. 组成菊科舌状花亚科植物的花全部为舌状花或假舌状花。(　　)
47. 百合科和石蒜科的一个重要区别在于百合科子房下位。(　　)
48. 百合科和石蒜科的一个重要区别在于石蒜科子房下位。(　　)
49. 禾本科植物的叶鞘多数是开裂的，而莎草科植物的叶鞘是闭合的。(　　)

(二)单项选择题

1. 草莓的茎平卧地面生长，节上生根，这种茎的类型属于(　　)。
   A. 直立茎　　B. 平卧茎　　C. 匍匐茎　　D. 攀缘茎
2. 单子叶植物常见的叶脉类型是(　　)。
   A. 羽状(网)脉　　B. 掌状(网)脉　　C. 平行脉　　D. 掌状三出脉
3. 双子叶植物的叶脉类型通常为(　　)。
   A. 平行脉　　B. 网状脉　　C. 弧状脉　　D. 三出脉
4. 以下不能作为判断单叶、复叶依据的是(　　)。
   A. 腋芽的着生位置　　B. 小叶是否有叶镶嵌特性
   C. 叶顶芽的着生位置　　D. 叶在茎上的排列方式
5. 夹竹桃科植物一般每节着生三片叶，这种叶序被称为(　　)。
   A. 对生　　B. 互生　　C. 轮生　　D. 交互对生
6. 掌状复叶和羽状复叶可根据(　　)进行区分。
   A. 小叶在总叶柄上的排列方式　　B. 总叶柄上小叶的数目
   C. 总叶柄的分枝方式　　D. 小叶基部芽的有无
7. 单子叶植物的花多为(　　)。
   A. 3 基数　　B. 4 基数　　C. 5 基数　　D. A 和 B
8. 以下花冠类型中花瓣为离瓣花类型的是(　　)。
   A. 轮状花冠　　B. 十字形花冠　　C. 舌状花冠　　D. 唇形花冠

9. 以下花冠类型中花瓣为合瓣花类型的是（　　）。
A. 蝶形花冠　B. 十字形花冠　C. 舌状花冠　D. 蔷薇花冠
10. 以下花冠类型为两侧对称的是（　　）。
A. 蝶形花冠　B. 十字形花冠　C. 钟状花冠　D. 蔷薇花冠
11. 下列花冠类型中属于辐射对称的是（　　）。
A. 舌状花冠　B. 唇形花冠　C. 蝶形花冠　D. 十字花冠
12. 蝶形花冠中位于最内方的是（　　）。
A. 旗瓣　B. 翼瓣　C. 龙骨瓣　D. 唇瓣
13. 单雌蕊子房的胎座类型通常为（　　）。
A. 侧膜胎座　B. 边缘胎座　C. 中轴胎座　D. 特立中央胎座
14. 以下类型胎座中确定只有一粒胚珠的是（　　）。
A. 侧膜胎座　B. 边缘胎座　C. 中轴胎座　D. 基生胎座
15. 通常条件下具有多个子房室的胎座类型为（　　）。
A. 侧膜胎座　B. 边缘胎座　C. 中轴胎座　D. 特立中央胎座
16. 一朵花同时具有花萼、花冠称为（　　）。
A. 单被花　B. 双被花　C. 无被花　D. 中性花
17. 子房基部着生在花托上，花的其他部分都低于子房着生，这种花称为（　　）。
A. 上位子房下位花　B. 上位子房周位花
C. 下位子房上位花　D. 下位子房周位花
18. 一朵花中只有花萼或花冠称为（　　）。
A. 单被花　B. 双被花　C. 无被花　D. 中性花
19. 以下组合中左右相匹配的组合是（　　）。
A. 单雌蕊—聚合果　B. 复雌蕊—单果
C. 复雌蕊—聚合果　D. 单雌蕊—聚花果
20. 花序轴肥壮，其上着生若干单性花的花序类型为（　　）。
A. 葇荑花序　B. 总状花序　C. 穗状花序　D. 肉穗花序
21. 以下由单性花组成、花序轴柔软的花序类型是（　　）。
A. 柔荑花序　B. 总状花序　C. 穗状花序　D. 肉穗花序
22. 花柄长短不等，下部花柄较长，上部花柄较短，小花排在同一平面上称（　　）。
A. 伞房花序　B. 头状花序　C. 伞形花序　D. 复伞形花序
23. 由整个花序发育而成的果实是（　　）。
A. 单果　B. 聚合果　C. 聚花果　D. 真果
24. 一朵花中许多离生单雌蕊集生于花托，并与花托共同发育成的果实为（　　）。
A. 单果　B. 聚合果　C. 聚花果　D. 复果
25. 香料植物八角的果实类型为（　　）。
A. 单果　B. 复果　C. 聚合果　D. 聚花果
26. 西瓜的食用部分主要由（　　）结构发育而成。
A. 花托　B. 子房壁中层　C. 胎座　D. 花序轴

27. 凤梨（菠萝）的食用部分主要是由其（　　）发育而成的。

A. 花序轴　　B. 子房壁　　C. 花托　　D. 胚珠

28. 以下科中常具有托叶环痕特征的是（　　）。

A. 樟科　　B. 木兰科　　C. 毛茛科　　D. 蔷薇科

29. 以下不具有离生心皮的科是（　　）。

A. 樟科　　B. 木兰科　　C. 毛茛科　　D. 桑科

30. 具有雄蕊多数特征的科是（　　）。

A. 木兰科　　B. 十字花科　　C. 茄科　　D. 禾本科

31. 以下多为草本植物类型的科是（　　）。

A. 木兰科　　B. 樟科　　C. 毛茛科　　D. 杨柳科

32. 以下性状中可作为野外推测为杨柳科植物的主要特征是（　　）。

A. 单叶对生　　B. 无托叶　　C. 两性花　　D. 柔荑花序

33. 以下为壳斗科、葫芦科、石蒜科共同具有的特征是（　　）。

A. 子房下位　　B. 叶条形　　C. 坚果　　D. 有托叶

34. 在果实上具有宿存并膨大的花萼的科是（　　）。

A. 禾本科　　B. 茄科　　C. 菊科　　D. 唇形科

35. 下列植物类群中具有特立中央胎座的是（　　）。

A. 石竹科　　B. 茄科　　C. 菊科　　D. 唇形科

36. 对某一植物子房横切发现，其只有一个子房室，但其胚珠均着生于子房室中央位置的轴上，这种胎座类型是（　　）。

A. 中轴胎座　　B. 侧膜胎座　　C. 特立中央胎座　　D. 基底胎座

37. 以下属于葫芦科植物的是（　　）。

A. 瓜木　　B. 番木瓜　　C. 木瓜　　D. 南瓜

38. 蔷薇科中不具有托叶的亚科是（　　）。

A. 绣线菊亚科　　B. 蔷薇亚科　　C. 苹果亚科　　D. 李亚科

39. 蔷薇科中具有子房下位的亚科是（　　）。

A. 绣线菊亚科　　B. 蔷薇亚科　　C. 苹果亚科　　D. 李亚科

40. 蔷薇科各亚科中果实由单雌蕊发育成的是（　　）。

A. 绣线菊亚科　　B. 蔷薇亚科　　C. 苹果亚科　　D. 李亚科

41. 锦葵科植物最主要的特征是花具有单体雄蕊，所谓单体雄蕊是指（　　）。

A. 一朵花中只有一个雄蕊　　B. 所有雄蕊的花丝合生成管，花药分离

C. 雄蕊多数，仅一个离生　　D. 所有雄蕊的花丝、花药合成一体

42. 下列属于锦葵科的植物是（　　）。

A. 苘麻　　B. 大麻　　C. 荨麻　　D. 苎麻

43. 十字花冠、四强雄蕊是（　　）的重要识别特征。

A. 豆科　　B. 十字花科　　C. 大戟科　　D. 唇形科

44. 蝶形花亚科植物的花冠类型常为（　　）。

A. 辐射对称　　B. 假蝶形花冠　　C. 蝶形花冠　　D. 舌状花冠

45. 豆科植物中具有假蝶形花冠的亚科是（　　）。
A. 含羞草亚科　B. 苏木亚科　C. 蝶形花亚科　D. 三者都不是
46. 通常所食用的豆类植物如大豆等属于（　　）。
A. 含羞草亚科　B. 苏木亚科　C. 蝶形花亚科　D. 三者都不是
47. 菊科植物头状花序下部的变态叶称为（　　）。
A. 总苞　B. 小苞片　C. 副萼　D. 佛焰苞
48. 蒲公英果实上的冠毛实质是由（　　）演变而成的。
A. 花托　B. 花萼　C. 花冠　D. 雄蕊
49. 小麦的花序为（　　）。
A. 总状花序　B. 圆锥花序　C. 穗状花序　D. 复穗状花序
50. 下面植物中没有明显可见的真正的叶片的是（　　）。
A. 文竹　B. 石竹　C. 毛竹　D. 凤尾竹
51. 下列植物中的茎为四棱形的是（　　）。
A. 月季　B. 牵牛花　C. 一品红　D. 一串红
52. 下面植物能在沙漠中正常生长的是（　　）。
A. 毛白杨　B. 柽柳　C. 垂柳　D. 旱柳
53. 火龙果是（　　）植物的果实。
A. 仙人掌科　B. 芭蕉科　C. 凤梨科　D. 蔷薇科
54. 下列 4 种植物中不属于世界三大毒品植物的是（　　）。
A. 罂粟　B. 曼陀罗　C. 大麻　D. 古柯
55. 下列植物中不属于单子叶植物的是（　　）。
A. 水仙　B. 兰花　C. 毛竹　D. 石竹
56. 下列蔬菜中食用部位不是茎的植物是（　　）。
A. 藕　B. 甘薯　C. 土豆　D. 荸荠
57. 下列植物中具有匍匐茎的是（　　）。
A. 草莓　B. 番茄　C. 柿子椒　D. 黄瓜
58. "生而不死一千年，死而不倒一千年，倒而不朽一千年"说的植物是（　　）。
A. 大叶榆　B. 白杨　C. 胡杨　D. 毛白杨
59. 兰科植物花中最独特的结构是（　　）。
A. 唇瓣　B. 花粉块　C. 蜜腺　D. 合蕊柱

（三）填空题

1. 平卧茎和匍匐茎均平卧于地面，但 ________ 节上不生根。

2. 攀缘茎或缠绕茎都能依附于他物向上生长，但是攀缘茎是利用 ________ 攀缘他物，而缠绕茎是以 ________ 缠绕于他物上。

3. 对植物叶形区分常用的两个判断依据是叶片 ________ 位置及叶的 ________ 比。

4. 羽状复叶可分为奇数羽状复叶和偶数羽状复叶，这是根据 ________ 划分的，还可以根据 ________ 的情况分为一回、二回或多回羽状复叶。

5. 具有叶片、叶柄和托叶三部分的叶称为 ________，有些植物的托叶常出现早落现象，这时可通过托叶脱落留下的 ________ 进行辨别。

6．一朵花中全部雄蕊的花丝联合成一体，这种雄蕊类型为 ________，如 ________ 的雄蕊。

7．一朵花中四枚雄蕊的花丝具有两长两短的特性，这种雄蕊类型为 ________。

8．一朵花中既有雌蕊又有雄蕊称为 ________ 花，只具有雄蕊或雌蕊称 ________ 花；________ 是指一株植物上既有雌花又有雄花，而杂性是指同一株上同时具有 ________ 花和 ________ 花。

9．根据子房与 ________ 的位置可以描述子房与花的特征，一般可分为子房 ________ 位、________ 位和 ________ 位，在花程式中可分别表示为 ________、________、________。

10．柳树的“柳絮”从植物学角度观察，其实质是 ________。

11．识别壳斗科植物常见的叶片特征是其叶脉常常 ________。

12．识别蓼科植物最典型的特征是其叶片基部具有 ________。

13．在所学过的被子植物分科中，________ 科中有重要的纤维作物如棉花；________ 科中有大量的蔬菜和重要的油料作物如油菜；________ 科中有许多果树和观赏植物如苹果、樱花；________ 科中粮食作物种类特多如水稻。

14．梅、兰、竹、菊在中国画中被称为“四君子”，请写出这四种植物所属科的名称：梅 ________；兰 ________；竹 ________；菊 ________。

15．根据下列特征描述，判断科名，并列出该科一到两种常见植物。

（1）子房下位，3 心皮，侧膜胎座，瓠果，________ 科；常见植物 ________。

（2）头状花序，聚药雄蕊，果具冠毛，________ 科；常见植物 ________。

（3）秆圆，中空，节明显，叶两列，叶鞘开裂，组成花序的单位是小穗，________ 科；常见植物 ________。

（4）草本，节膨大；叶对生；花两性整齐，4～5 基数；雄蕊为花瓣的 2 倍；特立中央胎座，蒴果，________ 科；常见植物 ________。

（5）芳香性草本，叶对生，茎四棱，轮伞花序，________ 科；常见植物 ________。

（6）植株常具根状茎、鳞茎或块根，花 3 基数，上位子房，中轴胎座，________ 科；常见植物 ________。

16．桑科植物无花果的花序为 ________ 花序，桑葚的雄花序为 ________ 花序。

17．写出下列常见蔬菜所属类群。

（1）白菜、萝卜、青菜：________ 科。

（2）番茄、马铃薯、辣椒：________ 科。

（3）冬瓜、南瓜、黄瓜：________ 科。

（4）莴苣、茼蒿：________ 科。

（5）蒜、葱、洋葱、韭菜：________ 科。

18．豆科三个亚科区分的主要依据是 ________ 和 ________。

19．伞形科植物的叶柄基部多呈 ________，茎多 ________，小花排列成 ________，子房 ________ 位，________ 果。

20．植物很多类群都有特殊的香味，可用作调味，如芫荽（香菜）属于 ________ 科，辣椒属于 ________ 科，八角属于 ________ 科，花椒属于 ________ 科，桂皮是 ________ 科部分植物树皮的统称。

21．唇形科和玄参科的花多为唇形花冠，但果实明显不同，________ 科的果实常分裂成4个小坚果，而 ________ 科的果实多为蒴果。

22．某菊科植物头状花序的边花为假舌状花，盘花为管（筒）状花冠，则可知其应属于 ________ 亚科，植物体 ________ 乳汁。

23．天南星科植物的花序是 ________，花序外具有1片 ________。

24．莎草科区别于禾本科的主要特征有：叶 ________ 列，叶鞘 ________；茎 ________ 心，常 ________；果多为 ________。

（四）配对题

1．雄蕊类型与植物科的配对。

单体雄蕊	锦葵科
二体雄蕊	菊科
多体雄蕊	豆科
聚药雄蕊	唇形科
二强雄蕊	藤黄（金丝桃）科
四强雄蕊	木兰科
离生雄蕊	十字花科

2．以下第一组中A～L为12种植物名称，第二组中1～12为12个科的名称，请将各植物与其相应的科对应填入表2-10中。

第一组　A油菜　B番茄　C棉花　D结缕草　E乌敛莓　F日本晚樱　G桂花　H麦冬　I向日葵　J紫玉兰　K猪殃殃　L南瓜

第二组　1木兰科　2蔷薇科　3十字花科　4锦葵科　5木犀科　6茄科　7菊科　8禾本科　9葡萄科　10百合科　11茜草科　12葫芦科

表2-10　植物名称与科名的对应表（一）

第一组序号												
第二组序号												

3．下列植物与所属科、果实类型及各科相关特点连线。

颖果	向日葵	蔷薇科	花具副萼；单体雄蕊，子房上位，中轴胎座
梨果	西瓜	锦葵科	草质藤本，单叶互生、掌裂。聚药雄蕊，子房下位，侧膜胎座
蒴果	油菜	葫芦科	蝶形花冠，二体雄蕊，子房1室
荚果	棉花	十字花科	花冠十字形，四强雄蕊，侧膜胎座，具假隔膜，假2室，子房上位
瘦果	小麦	豆科	秆圆柱形，中空，有节；单叶互生，2列，叶鞘开裂
角果	豌豆	菊科	头状花序，有总苞，合瓣花冠，聚药雄蕊，子房下位，常有冠毛
瓠果	苹果	禾本科	花托深凹，参与果实形成，心皮2～5联合，子房下位

4．药用植物对应类群配对。

人参	桔梗科
党参	石竹科
明党参	五加科
孩儿参	伞形科

（五）实践应用题

1．以下是几种植物的花冠类型图（图 2-31），请标出每种花冠的名称，并写出你所知道的具有这种类型花冠的科（或具体植物种）的名称。

A　B　C　D

图 2-31　几种植物的花冠类型

2．看花辨植物：以下是几种植物的花（图 2-32），请根据其特征判断其可能属于的科。

A　B　C　D　E

图 2-32　几种植物的花

3．请表述以下花程式所含的信息，并说明其所描述的可能的科的名称。

$*⚥K_{(3\text{-}6)}C_{3\text{-}6;}A_{\infty}\underline{G}_{1:1}$

$\uparrow ⚥P_{3+3;}A_{2\text{-}1}\overline{G}_{(3:1)}$

$*⚥Ca_4Co_4A_{2+4}\underline{G}_{(2:1)}$

$*⚥P_{3+3}A_{3+3}\underline{G}_{(3:3)}$

4．以下是对百合科花的结构特征的描述，请用花程式表示出百合科植物花的结构特征。

百合科：花两性，整齐花，3 基数，花被片 6 片，排列成两轮，无花萼花瓣之分，雄蕊 6 枚，子房上位，雌蕊由 3 心皮构成 3 室子房，复雌蕊。

5．表解双子叶植物与单子叶植物的不同点（表 2-11）。

表 2-11 双子叶植物与单子叶植物的不同点（一）

	双子叶植物	单子叶植物
根（根系类型）		
茎（维管束）		
叶（叶脉）		
花（基数）		
胚（子叶数目）		

三、参考答案

（一）判断题

1. T 2. F 3. F 4. F 5. T 6. T 7. T 8. F 9. T 10. F 11. F 12. F 13. F 14. T 15. T 16. F 17. F 18. F 19. T 20. T 21. T 22. F 23. T 24. F 25. F 26. T 27. F 28. F 29. T 30. T 31. T 32. F 33. T 34. F 35. F 36. F 37. T 38. T 39. T 40. F 41. T 42. T 43. T 44. F 45. F 46. F 47. F 48. T 49. T

（二）单项选择题

1. C 2. C 3. B 4. D 5. C 6. A 7. A 8. B 9. C 10. A 11. D 12. C 13. B 14. D 15. C 16. B 17. A 18. A 19. B 20. D 21. A 22. A 23. C 24. B 25. C 26. C 27. A 28. B 29. D 30. A 31. C 32. D 33. A 34. B 35. A 36. C 37. D 38. A 39. C 40. D 41. B 42. A 43. B 44. C 45. B 46. C 47. A 48. B 49. D 50. A 51. D 52. B 53. A 54. B 55. D 56. B 57. A 58. C 59. D

（三）填空题

1. 平卧茎 2. 茎叶的变态器官 / 卷须 / 吸盘，茎 3. 最宽处，长宽 4. 组成复叶的小叶数目奇偶性或顶生小叶的有无，总叶柄分枝 5. 完全叶，叶痕或托叶环痕 6. 单体雄蕊，棉等 7. 二强雄蕊 8. 两性，单性，雌雄同株，两性，单性 9. 花托或花的其余部分，上，下，半下，$\underline{G}$，$\overline{G}$，$\underline{\overline{G}}$ 10. 珠柄长出的白色柔毛 11. 直达叶缘 12. 膜质托叶鞘 13. 锦葵，十字花，蔷薇，禾本 14. 蔷薇科，兰科，禾本科，菊科 15. 葫芦，南瓜和西瓜等，菊，菊花和蒲公英等，禾本，水稻和小麦等，石竹，繁缕和卷耳等，唇形，薄荷和益母草等，百合，百合和贝母等 16. 隐头，柔荑 17. 十字花，茄，葫芦，菊，百合 18. 花雄蕊类型，花冠形态 19. 扁鞘状，中空，伞形花序，下，双悬 20. 伞形，茄，八角，芸香，樟 21. 唇形，玄参 22. 管（筒）状花，无 23. 肉穗花序，佛焰苞 24. 3，闭合，实，三棱，小坚果

（四）配对题

1．雄蕊类型与植物科的配对如下。

单体雄蕊——锦葵科
二体雄蕊　菊科
多体雄蕊　豆科
聚药雄蕊　唇形科
二强雄蕊　藤黄（金丝桃）科
四强雄蕊　木兰科
离生雄蕊　十字花科

2．植物名称与科名的对应见表 2-12。

表 2-12　植物名称与科名的对应表（二）

第一组序号	A	B	C	D	E	F	G	H	I	J	K	L
第二组序号	3	6	4	8	9	2	5	10	7	1	11	12

3．植物与所属科、果实类型及各科相关特点连线如下。

颖果	向日葵	蔷薇科	花具副萼；单体雄蕊，子房上位，中轴胎座
梨果	西瓜	锦葵科	草质藤本，单叶互生、掌裂。聚药雄蕊，子房下位，侧膜胎座
蒴果	油菜	葫芦科	蝶形花冠，二体雄蕊，子房 1 室
荚果	棉花	十字花科	花冠十字形，四强雄蕊，侧膜胎座，具假隔膜，假 2 室，子房上位
瘦果	小麦	豆科	秆圆柱形，中空，有节；单叶互生，2 列，叶鞘开裂
角果	豌豆	菊科	头状花序，有总苞，合瓣花冠，聚药雄蕊，子房下位，常有冠毛
瓠果	苹果	禾本科	花托深凹，参与果实形成，心皮 2～5 联合，子房下位

4．药用植物对应类群配对如下。

人参　桔梗科
党参　石竹科
明党参　五加科
孩儿参　伞形科

（五）实践应用题

1．答：A 为漏斗形花冠，常见的如旋花科植物；B 为蝶形花冠，常见的如豆科植物；C 为唇形花冠，常见的如唇形科、玄参科、爵床科、马鞭草科等的植物；D 为舌状花冠，常见于菊科的舌状花亚科。

2．答：A 为菊科；B 为石蒜科；C 为兰科；D 为蔷薇科；E 为十字花科。

3. 答：

$* ⚥ K_{(3\text{-}6)} C_{3\text{-}6;} A_{\infty} \underline{G}_{1:1}$ 两性花，辐射对称，花萼3～6，合生，花瓣3～6，离生，雄蕊多数，子房上位，1心皮1心室；可能的科是樟科。

$\uparrow ⚥ P_{3+3;} A_{2\text{-}1} \overline{G}_{(3:1)}$两性花，两侧对称，花被片6，两轮排列，雄蕊1～2，子房下位，3心皮1室；可能的科是兰科。

$* ⚥ Ca_4 Co_4 A_{2+4} \underline{G}_{(2:1)}$ 两性花，辐射对称，花萼4，离生，花瓣4，离生，雄蕊6，分成两组，子房上位，2心皮构成1室子房；可能的科是十字花科。

$* ⚥ P_{3+3} A_{3+3} \underline{G}_{(3:3)}$ 两性花，辐射对称，花被片6，两轮排列，离生，雄蕊6，两轮，子房上位，3心皮构成3室子房；可能的科是百合科。

4. 答：$* ⚥ P_{3+3} A_{3+3} \underline{G}_{(3:3)}$

5. 双子叶植物与单子叶植物的不同点见表2-13。

表 2-13　双子叶植物与单子叶植物的不同点（二）

	双子叶植物	单子叶植物
根（根系类型）	多直根系	多须根系
茎（维管束）	维管束散生	成环状排列
叶（叶脉）	多为网状脉	多为平行脉
花（基数）	多4～5基数	多3基数
胚（子叶数目）	常为2枚	1枚

第三篇 植物学模拟试卷

试 卷 一

试题	一	二	三	四	合计
得分					

一、改错题（共15题，共30分。先判断题意是否正确，正确题可以不修改，每题2分；有错题各有两处不妥之处，标明并改正，每题3分）

1．真花说认为：裸子植物本内苏铁目（Bennettitales）的两性孢子球演化成被子植物的两性整齐花。即裸子植物两性孢子叶球中的大、小孢子叶和苞片分别演化成被子植物的雌蕊、雄蕊和花被，单生的两性花植物类群是被子植物中最为原始的类群。

2．植物根的初生结构发育成熟后，都能在内皮层细胞看到卡氏带或卡氏点特征。

3．沉水植物的根退化甚至消失。或根、茎皮层中有发达的通气组织或胞间隙，叶片薄而纤细，细胞层数少，没有叶肉组织的分化，维管束和机械组织均不发达。

4．中生植物具有适应水湿生和干旱环境的能力。在水湿条件下生长，根的部分皮层细胞解体形成通气组织，在较为干旱的土壤环境中生长，根的外皮层细胞则发育成厚壁机械组织。

5．种子携带的养分贮藏在胚乳中，它们都是三倍体的。

6．周皮和木栓层是具有保护作用的复合组织或结构，而树皮则属于具有保护作用的简单组织。

7．髓射线和维管射线都属于次生结构，它们与不同组织或结构间的物质纵向运输有关。

8．纤维在发育阶段可以分裂，形成具有多个细胞的分隔纤维。

9．从某种意义上看，种子中胚的子叶细胞、髓结构中的蛋白质异细胞或果肉中的丹宁等都属于贮藏组织。

10．二原型初生木质部植物的侧根发生位置是正对原生木质部的中柱鞘细胞。

11．四因子模型（quartet model）认为，花器官不同部分的形成是由4种花同源异型基因（或基因产物）的不同组合决定的。在拟南芥中，蛋白质的复合物AP1-AP1-?-?决定萼片，AP1-AP3-PI-SEP决定花瓣，AP3-PI-AG-SEP决定雄蕊，AG-AG-SEP-SEP决定心皮。这可能因为不同蛋白质复合物和DNA序列之间亲和力的不同，不同基因启动子区域的不同决定了蛋白质复合物和目标基因的选择性表达。

12．百合科植物的识别特征主要是：草本，花两性，三基数，雄蕊6枚，子房上位，侧膜胎座，坚果。

13．被子植物的孢子体高度发达、进化，配子体高度简化、集约化。减数分裂是孢子体世代向配子体世代过渡的重要环节和转折点，双受精作用是配子体世代向孢子体世代过渡的关键环节和重要转折点。

14．颈卵器结构包括腹部和柄部，前者含有 1 个卵细胞和 1 个腹沟细胞，后者含有 1 个柄沟细胞。

15．真果是仅由子房发育成的果实，如草莓；假果是花序发育成的果实，如无花果。

二、名词解释（需要时可举例或绘图，每题 2 分，共 20 分）

1．植物多样性
2．外始式
3．细胞程序性死亡
4．藻殖段
5．原形成层
6．世代交替
7．核型胚乳
8．双名法
9．侧膜胎座
10．聚合果

三、回答下列问题（共 5 小题，共 18 分）

1．指出下列花程式的含义（任选一题）（3 分）。

（1）$\uparrow ⚥ K_{(5)} C_5\ A_{(9)+1} \underline{G}_{1:1:\infty}$

（2）$* ♀ K_5 C_{(5)} A_0 G_{(3:1:\infty)}$

2．指出下列花图式各部分的含义，并分别列举其 1 种代表植物（5 分）。

A

B

3．分别写出下图中雄蕊类型的名称，并指出其所对应的代表植物（3 分）。

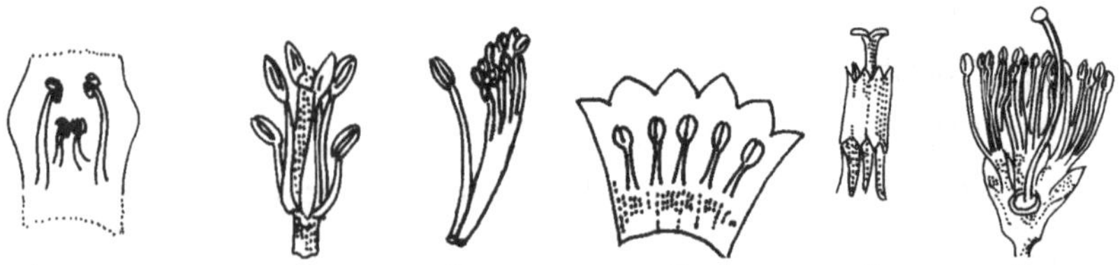

A　B　C　D　E　F

4. 分别写出下列子房与花被等的关系名称，并写出其代表植物（2 分）。

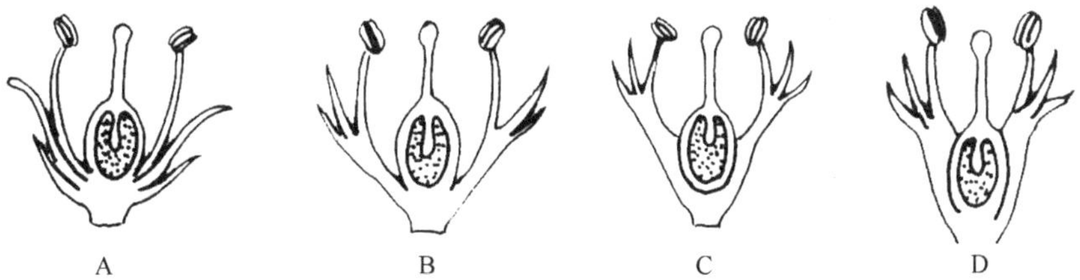

5. 分别写出下列花序的名称，并指出其所对应的代表植物（5 分）。

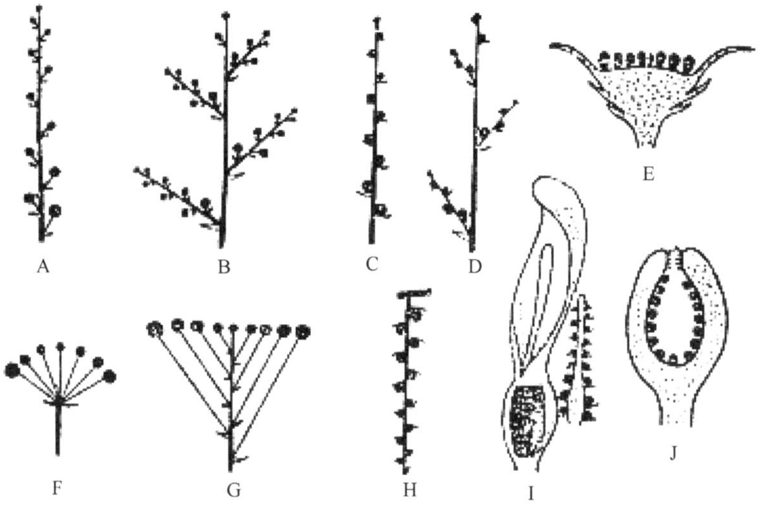

四、问答题（任选 5 小题，选足 32 分）

1. 详细说明输导组织的细胞类型、特点及其在植物体中的分布和作用。（6 分）

2. 以概念图形式总结叙述双子叶植物根的初生结构来源，以及根是如何从初生结构发育成次生结构的？（7 分）

3. 维管植物包括哪些类群？分别叙述它们的主要特征并举例。（6 分）

4. 分别写出木兰科、蔷薇科和禾本科植物的识别要点，并各举一例。（7 分）

5. 阐述植物传粉的不同方式、主要适应特征及在农业生产上的应用。（7 分）

6. 以小麦为例，试述其生活史过程，并指出其世代交替的两个重要阶段、转折点和染色体倍性的变化。（6 分）

试 卷 二

试题	一	二	三	四	合计
得分					

一、判断题（正确为“√”，错误为“×”。共 30 题，每题 1 分，共 30 分）

题号	1	2	3	4	5	6	7	8	9	10	11	12	13	14	15
答案															
题号	16	17	18	19	20	21	22	23	24	25	26	27	28	29	30
答案															

1．成熟种子的基本结构均包含有种皮、胚和胚乳三个部分。

2．蚕豆属于无胚乳种子类型。

3．质体和线粒体都是与能量代谢有关的细胞器。

4．胞间层和胞间连丝使相邻细胞和组织彼此连接成统一的整体。

5．种子内胚乳和子叶都能大量储藏营养物质。

6．原形成层属于初生分生组织，与根、茎、叶、花等器官中的维管束发育有关。

7．输导水分和无机盐的导管和管胞为死细胞，输导有机物质的筛管和筛胞是活细胞。

8．木质部中的纤维称为木纤维，韧皮部中的纤维称为韧皮纤维，这两种纤维属于不同的组织类型。

9．侧根发生于母根（中）维管柱鞘的起源方式称为内起源。

10．萝卜肉质直根的主要食用部分是次生木质部。

11．茎的初生木质部发育和成熟方式称为外始式。

12．年轮是维管形成层一年中仅活动一次所形成的次生木质部。

13．周皮是由木栓层、栓内层和木栓形成层组成的结构。

14．着生在枝条顶端的顶芽和着生在叶腋中的腋芽都是定芽。

15．棉叶、桑叶、槐树的叶都属于完全叶。

16．具有栅栏组织和海绵组织分化的叶是等面叶。

17．C_3 植物叶片维管束鞘细胞通常有两层，而 C_4 植物则只有一层。

18．假果是由花托或花序发育而来的果实。

19．桃的果实类型为核果。

20．被子植物的单性结实能够产生无籽果实。

21．在种子植物的生活史中，孢子体为配子体的发育提供营养。

22．维管植物包括蕨类植物和种子植物两类。

23．草莓和番茄的果实类型都属于浆果。

24．十字花科、木兰科等植物开花传粉的媒介主要是昆虫。

25．孢子植物包括藻类植物、地衣、苔藓植物和蕨类植物 4 类。
26．玉米、高粱的果实类型都属于颖果。
27．棉花的雄蕊类型属于单体雄蕊。
28．南瓜、葫芦的子房类型为上位子房。
29．荷花玉兰与荷花是同一个科的两种不同的植物。
30．苹果、石榴雌蕊子房与花托的关系为下位子房上位花。

二、单项选择题（共 30 题，每题 1 分，共 30 分）

题号	1	2	3	4	5	6	7	8	9	10	11	12	13	14	15
答案															
题号	16	17	18	19	20	21	22	23	24	25	26	27	28	29	30
答案															

1．下列变态器官中，与马铃薯块茎同源的变态器官是（　　）。
A．甘薯块根　　B．玉米支持根　　C．洋葱鳞叶　　D．荸荠球茎
2．C_3 植物和 C_4 植物叶脉结构的主要区别是两者间的（　　）不同。
A．维管束鞘　　B．初生木质部
C．初生韧皮部　　D．形成层或叶肉细胞
3．木材属于（　　）。
A．初生木质部　　B．射线　　C．次生木质部　　D．周皮
4．横切植物的子房，常可观察到的结构有（　　）。
A．子房壁　　B．胎座和胚珠　　C．子房室　　D．A＋B＋C
5．小麦等禾本科植物的颖果和种子分别发育于受精后的（　　）。
A．子房和胚珠　　B．子房壁和胚珠　　C．子房和胚　　D．胚珠和胚
6．双子叶植物幼根的内皮层细胞较特殊，通常有（　　）。
A．淀粉粒　　B．凯氏带加厚　　C．五面加厚　　D．通道细胞
7．植物分类的基本单位是（　　）。
A．科　　B．种　　C．品种　　D. 变种
8．“青苔”所属的植物类群可能是（　　）。
A．藻类植物　　B．地衣　　C．蕨类植物　　D．种子植物
9．下列具头状花序、合瓣花、子房下位的植物（科）可能是（　　）。
A．菊科　　B．蔷薇科　　C．伞形科　　D．锦葵科
10．下列具有离瓣花（花瓣单个脱落）特征的植物所属的科可能是（　　）。
A．唇形科　　B．菊科　　C．山茶科　　D．茄科
11．种子萌发过程中所利用的养料来源于（　　）。
A．胚　　B．胚乳　　C．子叶　　D．B 或 C
12．下列来源于次生分生组织的成熟组织是（　　）。
A．维管束　　B．蜜腺　　C．维管射线　　D．气孔器

13. 下列植物的根系类型属于须根系的是（　　）。
A. 花生　B. 辣椒　C. 水稻　D. 蚕豆

14. 观察多年生桃茎横切结构，下列叙述正确的是（　　）。
A. 表皮和皮层所占比例大
B. 次生木质部所占比例大
C. 次生韧皮部所占比例大
D. 髓与初生木质部所占比例大

15. 腋芽（花芽或叶芽）发生或形成的方式为（　　）。
A. 内始式　B. 内起源　C. 外始式　D. 外起源

16. 蚕豆根次生分生组织活动的最初起点是（　　）。
A. 维管柱鞘（中柱鞘）薄壁细胞
B. 初生木质部薄壁细胞
C. 初生韧皮部薄壁细胞
D. 初生木质部和初生韧皮部间的薄壁细胞

17. 花药发育过程中，下列哪层细胞发育异常，会导致雄性不育或花粉败育？（　　）
A. 表皮　B. 药室内壁　C. 中层　D. 绒毡层

18. 银杏（*Ginkgo biloba* Linn.）所属的植物类群是（　　）。
A. 苔藓植物　B. 蕨类植物　C. 裸子植物　D. 被子植物

19. 紫菜属于下列哪个门的藻类植物？（　　）
A. 蓝藻门　B. 褐藻门　C. 红藻门　D. 绿藻门

20. 一品红（*Euphorbia pulcherrima* Willd）是哪个科的多年生植物？（　　）
A. 十字花科　B. 豆科　C. 唇形科　D. 大戟科

21. 荔枝或桂圆的肉食部分是下列哪种结构发育而成的？（　　）
A. 子房壁　B. 珠柄　C. 外珠被　D. 内珠被

22. 观察禾本科植物的分蘖芽纵切结构时，常可在其节部观察到由排列紧密、整齐有序的数层扁平的小细胞所构成的组织是（　　）。
A. 原分生组织　B. 顶端分生组织
C. 次生分生组织　D. 居间分生组织

23. 用洋葱鳞叶外表皮细胞制成的临时玻片标本，显微镜下不能观察到的细胞结构是（　　）。
A. 白色体　B. 液泡　C. 细胞核（仁）　D. 圆球体

24. 一粒稻谷是由下列哪种结构发育而来？（　　）
A. 一朵小花　B. 一枚雌蕊　C. 一个小穗　D. 一个花序

25. 具有复表皮结构的植物可能适应下列哪个环境？（　　）
A. 水生环境　B. 旱生环境　C. 阴生环境　D. 寒冷环境

26. 下列不属于植物繁殖器官的是（　　）。
A. 花　B. 种子　C. 果实　D. 胚珠

27. 根与茎形态上的区别主要在于它们（　　）的有无。
A. 节和节间　B. 不定根　C. 不定芽　D. 分枝（杈）

28. 下列哪一种结构是发育形成新个体的原始体？（　　）
A. 种子　B. 胚　C. 胚乳　D. 果实

29. 蓼型成熟胚囊含有 7 个细胞（8 个核），它是（　　）。
A. 雌配子体　B. 雄配子体　C. 雌配子　D. 雄配子

30. 下列与陆地棉属于同一个科的植物是（　　）。
A. 黄麻　B. 亚麻　C. 苎麻　D. 苘麻

三、名词解释（每题 2 分，举例说明；共 20 分）

1. 组织

2. 合轴分枝

3. 学名

4. 异花传粉

5. 复果

6. 周皮

7. 花程式

8. 单雌蕊

9. 双受精作用

10. 世代交替

四、简答题（共 4 题，共 20 分）（可列表比较解答）

1. 比较单、双子叶植物不同器官的形态和结构间的差异。（4 分）

2. 简要说明受精后的雌蕊在果实发育中的结构动态变化。（5 分）

3. 比较单、双子叶植物根初生结构各层次间的异同。（6 分）

4. 举例说明禾本科与莎草科主要识别特征的异同。（5 分）

试 卷 三

试题	一	二	三	四	五	六	合计
得分							

一、判断题（共20题，每小题1分，共20分。请将正确的陈述以"√"表示，错误的陈述以"×"表示，答案请填写在下面的表格内）

题号	1	2	3	4	5	6	7	8	9	10	11	12	13	14	15	16	17	18	19	20
答案																				

1. 形态不同的植物细胞具有不同的结构组成，执行不同的功能。
2. 细胞核是细胞遗传代谢的控制中心，细胞中的DNA只存在于细胞核中。
3. 腋芽的茎尖分生组织属于侧生分生组织。
4. 椴树茎的厚角组织细胞脱分化形成的木栓形成层属于初生分生组织。
5. 狭义地讲，植物的输导组织是指木质部、韧皮部。
6. 被子植物叶片产生的有机养料主要通过筛管运到植物的各个部位。
7. 大多数双子叶植物的根可进行次生生长，使根增粗以增强其吸收功能。
8. 种子植物的分枝方式主要有单轴分枝、合轴分枝、二叉分枝、假二叉分枝和分蘖等。
9. 木材是维管形成层历年产生的次生维管组织的总和。
10. 叶片呈现绿色是由于其表皮细胞中含有大量的叶绿体。
11. 豌豆的卷须与葡萄的卷须都具有攀缘功能，因此可称为同功器官。
12. 绒毡层和纤维层是同一结构在花药发育不同阶段的不同名称。
13. 豌豆是一种典型的自花传粉植物，自花传粉是植物界比较进化的传粉方式。
14. 苔藓植物、蕨类植物和裸子植物均具有完整的颈卵器结构。
15. 银杏和苏铁都属于裸子植物，其胚珠外都无子房壁包被。
16. 种子植物中的胚乳都是受精作用的产物。
17. 葫芦科是瓜类的主要类群，其果实类型为瓠果。
18. 禾本科植物的小穗一般由小穗轴、稃片和数朵小花组成。
19. 蒲公英"种子"上端的冠毛是源于花萼发育来的毛状物。
20. 单子叶植物的叶脉多为平行叶脉，而双子叶植物的叶脉多为网状叶脉。

二、单项选择题（共30题，每小题1分，共30分。请将各题最佳答案填入下列表格内）

题号	1	2	3	4	5	6	7	8	9	10	11	12	13	14	15	16	17	18	19	20	21	22	23	24	25	26	27	28	29	30
答案																														

1. 以下植物细胞的结构组成中，与物质进出细胞功能密切相关的结构是（　　）。

A. 细胞壁　　B. 细胞膜　　C. 细胞质　　D. 细胞核

2. 为了在一张真核植物细胞的电子显微照片中找到线粒体结构，你应该寻找（　　）。
A. 具有内部凹陷折叠的短棒状结构　　B. 一系列堆叠的扁平囊状结构
C. 一系列的圆形泡状结构　　D. 有颗粒状结构附着的线形双层膜结构

3. 分生组织起始分裂产生的细胞较小，随后细胞体积和重量不断增加，该过程称为（　　）。
A. 细胞的生长　　B. 细胞的分化　　C. 细胞的脱分化　　D. 细胞的凋亡

4. 显微镜下观察洋葱表皮细胞，看到其中央具有一部分看似“空白”区域，此部分是（　　）。
A. 气泡　　B. 水泡　　C. 液泡　　D. 细胞间隙

5. 显微镜下可观察到芹菜茎叶柄的横切面边缘突起处内侧有许多角隅处增厚的细胞群，这类细胞群构成的组织是（　　）。
A. 薄壁组织　　B. 厚壁组织　　C. 厚角组织　　D. 分生组织

6. 在植物体内具有支持和输导作用的组织是（　　）。
A. 分生组织　　B. 维管组织　　C. 基本组织　　D. 保护组织

7. 在裸子植物中，具有输导水分和无机盐的管状分子是（　　）。
A. 筛管　　B. 伴胞　　C. 导管　　D. 管胞

8. 在梨的“果肉”中，通常成群聚集着一类细胞壁强烈增厚、高度木质化的短径细胞，这类细胞被称为（　　）。
A. 伴胞　　B. 纤维细胞　　C. 筛胞　　D. 石细胞

9. 植物幼根的表皮细胞外壁向外突出，形成毛状结构，其功能主要是（　　）。
A. 保护　　B. 吸收　　C. 分泌　　D. 输导

10. 如果你想通过徒手切片清晰地观察植物根的初生结构特征，则最佳的切片位置应该是（　　）。
A. 根尖顶端的帽状结构部位　　B. 着生根毛的先端至根尖顶端
C. 着生根毛的部位至茎的位置　　D. 有根毛分布的区段

11. 玉米、高粱等禾本科植物能进行短暂的增粗生长，以下与其增粗生长有关的分生组织是（　　）。
A. 居间分生组织　　B. 侧生分生组织
C. 初生增粗分生组织　　D. 次生分生组织

12. 在异面（背腹型）叶中，具有明显的形态分化差异的结构部位是（　　）。
A. 表皮　　B. 叶肉　　C. 叶脉　　D. 叶柄

13. 以下植物的叶片结构组成中具有泡状细胞的是（　　）。
A. 大豆　　B. 棉花　　C. 毛茛　　D. 水稻

14. 右图中的颗粒状结构是（　　）。
A. 胚珠　　B. 子房
C. 胎座　　D. 孢子

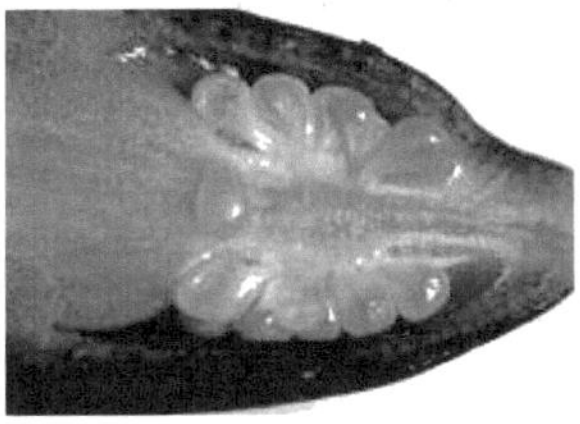

15. 以下分裂过程为减数分裂的是（　　）。
A. 孢原细胞分裂形成周缘细胞和造孢细胞
B. 周缘细胞分裂形成花粉囊壁

C．花粉母细胞分裂形成单核花粉粒
D．单核花粉粒分裂形成成熟花粉粒

16．被子植物的胚乳通常是（　　）。
A．单倍体　B．二倍体　C．三倍体　D．四倍体

17．小麦“种子”萌发时最初露出种皮的结构是（　　）。
A．子叶　B．胚芽　C．胚轴　D．胚芽鞘

18．单子叶植物和双子叶植物的种子都具有下列哪种结构？（　　）
A．种皮　B．胚乳　C．胚根鞘　D．胚芽鞘

19．减数分裂始于植物生活史中的（　　）。
A．孢子体世代　B．配子体世代　C．无性世代　D．二倍体世代

20．有些真菌会和某些植物的根建立共生关系，其作用是（　　）。
A．利用宿主提供的食物　B．利用宿主产生的能量
C．帮助宿主吸收水分　D．为宿主提供孢子

21．下列生物中，会引起水华或赤潮的主要藻类是（　　）。
A．红藻　B．蓝藻　C．褐藻　D．裸藻

22．在玉米茎的基部常观察到可支撑玉米植株的根，这些根属于（　　）。
A．主根　B．侧根　C．不定根　D．假根

23．右图圆圈中所示的黑根霉的结构名称是（　　）。

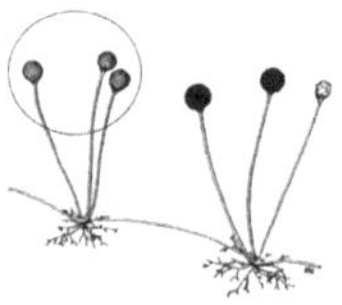

A．菌丝　B．假根
C．接合孢子　D．孢子囊

24．多细胞真菌的初始结构单位是（　　）。
A．孢子　B．菌丝　C．担子　D．子囊

25．玉米的孢子体有 20 条染色体，则玉米的配子体有几条染色体？（　　）
A．5　B．10　C．20　D．40

26．以下植物类群中仅通过种子繁殖后代的是哪类植物？（　　）
A．苔藓植物　B．蕨类植物　C．裸子植物　D．被子植物

27．蕨类植物孢子囊内产生的孢子萌发后发育形成的微小叶状体（原叶体）又被称为（　　）。
A．孢子体　B．配子体
C．营养繁殖个体　D．二倍体

28．以下高等植物中受精离不开水的限制的植物类群是（　　）。
A．裸子植物＋蕨类植物　B．蕨类植物＋苔藓植物
C．被子植物＋苔藓植物　D．种子植物＋蕨类植物

29．以下相关科的植物中，具有单体雄蕊和聚药雄蕊的科分别是（　　）。
A．木兰科、豆科　B．兰科、菊科
C．石竹科、锦葵科　D．锦葵科、菊科

30．横切观察某一植物的子房结构，其子房五室，每室胚珠多数，则其雌蕊类型可能是（　　）。
A．单雌蕊　B．离生单雌蕊　C．复雌蕊　D．多雌蕊

三、填空题（共 40 空，每空 0.25 分，共 10 分）

1. 细胞壁结构组成中，在细胞生长、体积增大时所形成的细胞壁层是 ________。
2. 显微镜下可观察到柿胚乳相邻细胞间具有许多丝状结构相连，该丝状结构是 ________。
3. 根据分生组织的来源，可将其分为 ________ 分生组织、________ 分生组织和 ________ 分生组织。
4. 植物的花朵能产生蜜汁吸引昆虫传粉，产生蜜汁是由于其具 ________ 结构。
5. 根尖分区结构中与根的伸长生长密切相关的区域有 ________ 和 ________。
6. 禾本科植物茎的维管束中没有 ________，因此属于 ________ 维管束。
7. 习惯意义上的“树皮”是 ________ 以外所有组织的总称。
8. 木栓形成层的分裂活动向内形成 ________，向外形成 ________，三者共同构成 ________；在气孔下方，木栓形成层活动后产生 ________ 结构，成为老茎与外界进行水气交换的孔道。
9. 维管形成层的活动与两种细胞有关，它们分别是 ________ 原始细胞和 ________ 原始细胞。
10. 叶片表皮上的气孔，一般由两个 ________ 细胞围成，与叶的 ________ 交换及 ________ 作用有关。
11. 在叶将落前，叶柄基部或近基部的部分薄壁组织细胞开始活动，该区域（可见有数层小细胞）被称为 ________。
12. 从形态上判断土豆的食用部分为茎的主要依据是土豆的块茎上具有 ________ 和 ________。
13. 一个成熟的 7 细胞蓼型植物胚囊通常包括珠孔端的 1 个 ________ 细胞、2 个 ________ 细胞、合点端的 3 个 ________ 细胞以及胚囊中央由两个极核融合而成的 1 个 ________ 细胞。
14. 一朵桃花中只有一个雌蕊，其子房发育成核果，这种雌蕊类型为 ________。
15. 植物分类方法有三种，李时珍在《本草纲目》中根据植物的用途或一两个明显的特征将植物分为草、谷、菜、果、木五部，这种分类方法是 ________ 分类法；林奈根据植物雄蕊的数目对植物进行分类，其所建立的分类系统是 ________ 分类系统。
16. 编制植物检索表所遵循的原则一般是 ________ 分类原则。
17. 地衣植物是由某些藻类和菌类共同组合而成的一类互利互惠的 ________ 复合体。
18. 苔藓植物的生活史中 ________ 占优势，________ 不能独立生活。
19. 在你所学过的被子植物分科中，________ 科中有重要的纤维作物，如棉花；________ 科中有大量的蔬菜和重要的油料作物，如油菜；________ 科中有许多果树和观赏植物，如苹果、________、樱花；________ 科中粮食作物种类很多，如水稻。
20. 哈钦松系统认为被子植物的花起源于已灭绝的裸子植物的两性孢子叶球，因此，单生的 ________ 花是被子植物比较原始类群的特征，这种假说又被称为 ________ 学说。

四、写出符合叙述的术语名称（共 5 条，每条 1 分，共 5 分）

1. 细胞内具有特定形态、结构和功能的亚细胞结构是 ________。

2．一种组织类型，存在于植物体的特定部位、分化程度较低或不分化、保持胚性细胞特点、并能持续保持分裂活性的细胞组合是 ________。

3．在植物种子结构组成中，具有发育形成新植物个体潜力的结构是 ________。

4．由两个拉丁单词构成，第一个单词是属名（名词），第二个单词为种加词（形容词），后边再写上定名人的姓氏或姓氏缩写，由此组成的植物名称是 ________。

5．有一类高等植物，它们没有维管束结构，主要通过细胞间渗透和扩散输导水分和其他物质，这类植物是 ________。

五、填图并回答问题（共 25 分，每空 0.5 分）

1．下图中，图 A 表示 ________（双 / 单）子叶植物 ________（根 / 茎）的初生结构简图，图 B 表示 ________（双 / 单）子叶植物 ________（根 / 茎）的初生结构简图。

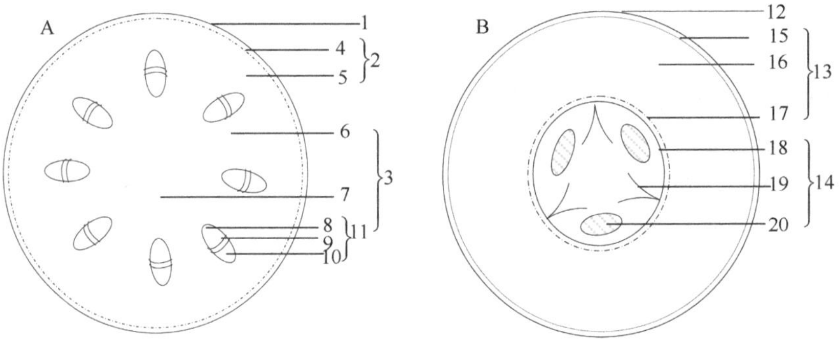

（1）请正确标示图中各数字所表示的结构名称。

（2）图中能够发生侧根的部位是数字 ________；厚角组织所在部位是数字 ________。

（3）图中数字 ________ 的发育方式为外始式；数字 ________ 的发育方式为内始式。

2．根据下图回答问题。

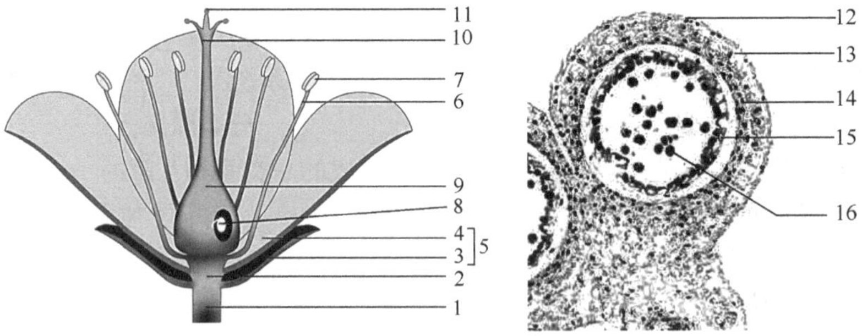

（1）请正确标示图中各数字所表示的结构名称。

（2）A 图中能够发育成果实的结构是数字 ________。

（3）A 图中当数字 3 和 4 只具有其中之一时，这朵花的类型可称为 ________；当只具有数字 3和4 的结构时，这朵花的类型可称为 ________。这种类型的花均可称为 ________（完全 / 不完全）花。数字 8、10、11 共同组成 ________。

（4）B 图中与花粉囊壁开裂有关的结构可能是数字 ________；与四分体分离形成单核花粉粒有关的结构是数字 ________。

六、简答题（共 4 题，共 10 分）

1. 给你一张标签脱落的根的横切面结构装片，如何判断该装片是禾本科植物的根还是双子叶植物根的初生结构？（2 分）

2. 小王在游玩中发现一棵树的树干中部全部坏死成空腔，只有外层的“树皮”支撑着整个植株，但树的上部却是枝繁叶茂，他百思不得其解，你能帮他解释这个现象吗？（3 分）

3. 完成下面概念图，用根、茎、叶、维管组织和维管植物等术语完成图中空缺部分。（2 分）

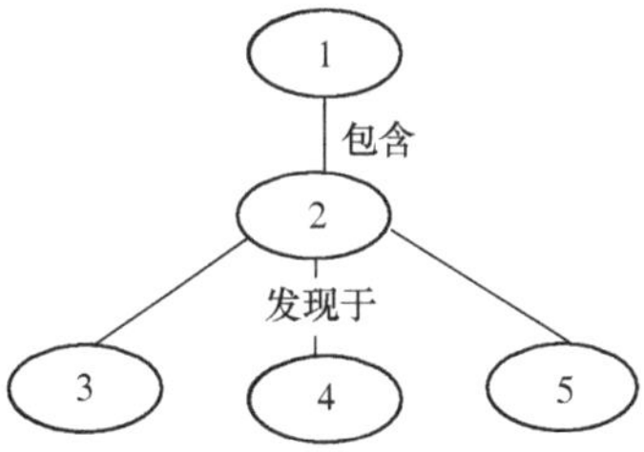

4. 请依据下列描述，写出其花程式，并说出其所属的科名。（3 分）

花两性，整齐花，3 基数，花被片 6 片，排列成两轮，无花萼、花瓣之分，雄蕊 6 枚，子房上位，雌蕊由 3 心皮构成 3 室子房，复雌蕊。

试 卷 四

试题	一	二	三	四	五	六	合计
得分							

一、单项选择题（共 20 题，每小题 1 分，共 20 分。请将各题答案填入下列表格内）

题号	1	2	3	4	5	6	7	8	9	10	11	12	13	14	15	16	17	18	19	20
答案																				

1．水绵在分类学上属于（　　）。
A．红藻　B．褐藻　C．绿藻　D．蓝藻

2．地衣营养繁殖的主要方式是（　　）。
A．藻殖段　B．异形胞　C．粉芽　D．断裂

3．以下（　　）不是植物分类学中种以下的单位。
A．亚种　B．品种　C．变种　D．变型

4．下列植物类群中代表植物从水生到陆生的过渡形式的类群是（　　）。
A．藻类植物　B．苔藓植物　C．菌类植物　D．蕨类植物

5．绞股蓝与（　　）同属于葫芦科植物。
A．木瓜　B．野西瓜苗　C．瓜叶菊　D．丝瓜

6．下列组织类型中具有不均匀增厚细胞壁的生活细胞是（　　）。
A．厚壁组织　B．薄壁组织　C．厚角组织　D．分生组织

7．初生纹孔场存在于（　　）。
A．次生壁　B．初生壁　C．胞间层　D．角质层

8．禾本科植物拔节、抽穗时，茎迅速长高，是借助（　　）的活动。
A．顶端分生组织　B．侧生分生组织
C．次生分生组织　D．居间分生组织

9．下列植物细胞类型中哪一种已失去脱分化的能力？（　　）
A．厚角细胞　B．导管分子　C．韧皮射线　D．皮层细胞

10．根瘤是根瘤细菌在某些高等植物根部形成的（　　）结构。
A．共栖　B．寄生　C．腐生　D．共生

11．观察银杏枝条，可见其大孢子叶球着生于（　　）。
A．长枝上　B．短枝上　C．老茎上　D．长短枝都可着生

12．草莓的肉质食用部分主要为（　　）发育而成。
A．子房　B．花托　C．花序轴　D．胚珠

13．下列不属于孢子植物的植物类群为（　　）。
A．苔藓植物　B．蕨类植物　C．裸子植物　D．藻类植物

14. 二细胞型花粉粒中的两个细胞是指（　　）。
A. 两个营养细胞　　B. 一个营养细胞，一个生殖细胞
C. 两个生殖细胞　　D. 两个精子细胞
15. 在花药发育结构中，（　　）细胞是多核细胞。
A. 药室内壁　　B. 中层　　C. 绒毡层　　D. 纤维层
16. 裸子植物雌配子体是（　　）。
A. 成熟胚囊　　B. 胚珠　　C. 珠心与胚乳　　D. 胚乳和颈卵器
17. 大豆的学名是（　　）。
A. *Vicia faba* L.　　B. *Pisum sativum* L.
C. *Arachis hypogaea* L.　　D. *Glycine max*（L.）Merr.
18. 下列茎的次生结构组成中具有横向输导作用的结构是（　　）。
A. 管胞　　B. 导管　　C. 筛管　　D. 维管射线
19. 种子中的外胚乳来自于（　　）结构。
A. 受精极核　　B. 受精卵　　C. 珠心组织　　D. 内珠被
20. 葡萄科植物的分枝方式为（　　）。
A. 单轴分枝　　B. 合轴分枝　　C. 二叉分枝　　D. 假二叉分枝

二、填空题（共 40 空，每空 0.5 分，共 20 分）

1. 植物分类的各级单位中，________ 是生物界依据生物表性特征识别和区分生物的基本单位。双命名法是由代表 ________ 和 ________ 的两个拉丁单词所构成的。
2. 植物分类检索表的编制所依据的是 ________ 原则。
3. 被子植物亚门可分为 ________ 纲和 ________ 纲。
4. 植物细胞壁由 ________、________ 和 ________ 三部分构成，________ 是位于细胞壁上、连接相邻两个植物细胞间的细胞质细丝。
5. 分生组织按其来源、发育程度和性质，可分为 ________、________ 和 ________ 三种类型。
6. 保护组织根据来源、形态结构及其功能的强弱，可分为 ________ 和 ________。
7. 蓖麻的种子由 ________、________ 和 ________ 三部分构成。
8. 双子叶植物根中的维管形成层来源于 ________ 和 ________，而茎中的维管形成层由 ________ 和 ________ 组成。
9. 双子叶植物根的初生结构由外至内可分为 ________、________ 和 ________ 三部分。
10. 种皮和果皮分别由 ________ 和 ________ 发育而来。
11. 植物茎尖分区由上至下可分为 ________、________ 和 ________ 三部分。
12. 被子植物叶片的解剖结构一般由 ________、________、________ 三部分构成，它们分别属于 ________ 组织、________ 组织、________ 组织。
13. 花药是雄蕊产生花粉的结构，由 ________ 和 ________ 两部分组成。
14. 胚乳的发育形式一般可分为 ________、________ 和沼生目型胚乳三种类型。

三、判断题（判断对错，并在相应的题号下打“√”或“×”，每题1分，共10分）

题号	1	2	3	4	5	6	7	8	9	10
答案										

1. 黄瓜的茎卷须和豌豆的叶卷须是同源器官。
2. 裸子植物的受精脱离了水的限制，因而更适应于陆地生活。
3. C_3 植物的光合效率高于 C_4 植物。
4. 表皮是分布于植物体表具有保护作用的次生保护组织。
5. 主根上形成的根称为不定根。
6. 完全叶是指由叶片、叶柄和托叶三部分组成的叶。
7. 双子叶植物茎中初生木质部的发育分化方式是外始式。
8. 无胚乳种子是指种子的发育过程中没有胚乳形成过程的种子。
9. 周皮是由木栓层、木栓形成层、栓内层构成的简单组织。
10. 种子植物的分枝方式主要有单轴分枝、合轴分枝和二叉分枝。

四、名词解释（共6条，每条2分，共12分）

1. 二体雄蕊

2. 凯氏带

3. 初生增粗生长

4. 同源器官

5. 心皮

6. 蓼型胚囊

五、填图题（将图中横线所指位置的结构名称填写在横线上，每空0.5分，共9分）

1. ________2. ________3. ________4. ________5. ________6. ________7. ________

8. ________9. ________10. ________11. ________12. ________13. ________14. ________
15. ________16. ________17. ________18. ________

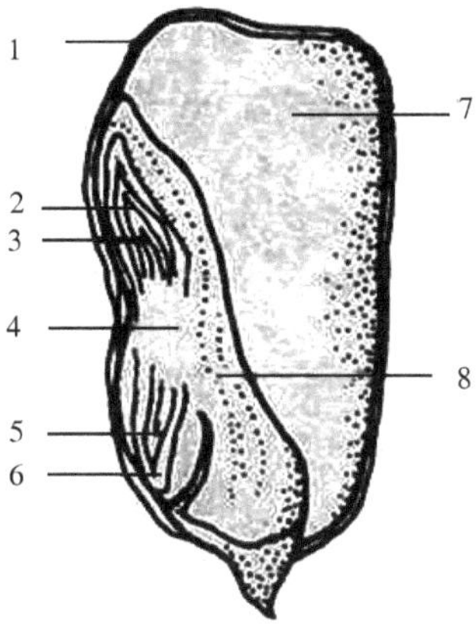

A 玉米种子结构

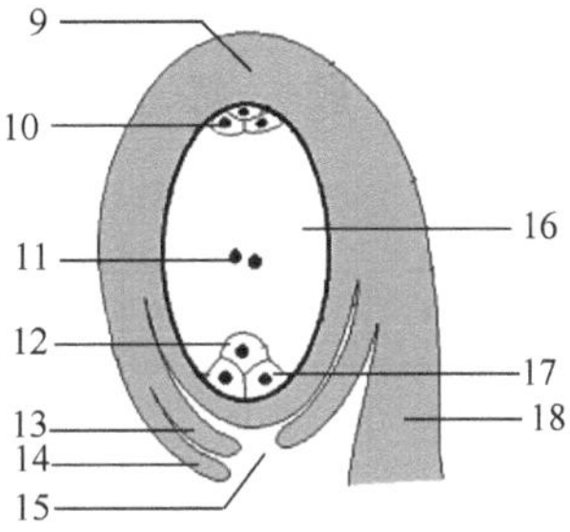

B 胚珠的结构

六、简答题（共 5 题，共 29 分。可列表叙述）

1. 简述双子叶植物茎与单子叶植物茎初生结构的异同。（6 分）

2. 简述荠菜从受精卵发育形成成熟胚的过程。（5 分）

3. 简述禾本科植物小穗的结构组成。（4 分）

4. 比较蔷薇目 4 个科（绣线菊科、蔷薇亚科、桃亚科、梨亚科）间的特征差异。（8 分）

5. 简述菊科两个亚科间的特征差异。（6 分）

试 卷 五

试题	一	二	三	四	五	六	七	合计
得分								

一、判断题（共 15 题，每小题 1 分，计 15 分；判断对的，打“√”，判断错的，打“×”）

题号	1	2	3	4	5	6	7	8	9	10	11	12	13	14	15
答案															

1．水稻籽粒是颖果，其外面的谷壳为外果皮，里面的糙米是内果皮与种皮的合生物。

2．蚕豆种子由种皮和胚两部分组成，为双子叶无胚乳种子。

3．根毛和茎叶上分布的表皮毛，都是植物体表面的结构部分，它们具有保护作用。

4．植物体内担负输导功能的导管、管胞、筛管和筛胞，以及承担机械支持作用的机械组织的细胞都具有次生壁。

5．茎的初生结构中，双子叶植物茎和单子叶禾本科植物茎的表皮内方均有厚壁机械组织，从而增加了幼茎的支持作用。

6．萝卜和胡萝卜肉质根的食用部分中，前者主要是次生木质部，后者主要是次生韧皮部。

7．被子植物中，无融合生殖都能产生有胚的种子，其后代是可育的。

8．从生物进化意义上讲，自花传粉比异花传粉优越，其后代的抗逆性强，植株比较健壮。

9．胚囊中的卵细胞和中央细胞分别为两个精细胞的受体，所以它们被合称为卵器。

10．双子叶植物的花冠常具有 4 或 5 个花瓣，它们可相互结合或分离，且大小相同。

11．雄蕊类型是区别豆科三个亚科的重要形态特征之一。

12．大戟科、菊科、旋花科等常见种类的植物体内多含乳汁。

13．苋科、藜科、蓼科植物常为单被花的草本植物。

14．蔷薇科很多植物的花托作不同程度的凹陷或隆起，类型多种，但子房位置类型相同。

15．广玉兰、毛茛、牡丹、月季等植物，每朵花中可产生若干个果实。

二、单项选择题（共 15 题，每小题 1 分，共 15 分）

题号	1	2	3	4	5	6	7	8	9	10	11	12	13	14	15
答案															

1．人们食用的葵花籽外面的硬壳属于（　　）结构。

A．种皮　B．果皮　C．外种皮　D．苞片

2．细胞中的生活物质总称（　　）。

A．蛋白质　B．细胞质　C．原生质　D．胞基质

3．（　　）年英国人虎克发现并命名了细胞。

A．1670　B．1883　C．1838～1839　D．1665

4．茎的初生木质部发育成熟方式为（　　）。

A．内始式　B．内起源　C．外始式　D．外起源

5．种子萌发时，首要的外界条件是（　　）。

A．氧气　B．温度　C．水分　D．前三者

6．细胞中与能量代谢有直接关系的细胞器有（　　）。

A. 细胞核＋叶绿体　B. 高尔基体＋叶绿体

C. 叶绿体＋线粒体　D. 线粒体＋高尔基体

7．通常直根系植物，其根系在土壤中的分布较深，如（　　）。

A．玉米　B．高粱　C．棉花　D．甘蔗

8．植物体内次生韧皮部的死细胞是（　　）。

A．筛管　B．伴胞　C．韧皮纤维　D．韧皮薄壁细胞

9．单倍体孤雌生殖是指由（　　）形成的单倍体胚。

A．助细胞　B．卵细胞　C．中央细胞　D．反足细胞

10．下列（　　）为单倍体。

A．孢原细胞　B．营养细胞　C．初生胚乳核　D．初生造孢细胞

11．下列不属于合瓣花的科是（　　）。

A．唇形科　B．菊科　C．伞形科　D．茄科

12．下列科或种的特征中，不是中轴胎座的是（　　）。

A．伞形科　B．百合科　C．豆梨　D．荠菜

13．下列具有头状花序、合瓣花、子房下位的植物，可能是（　　）。

A．菊科　B．蔷薇科　C．伞形科　D．锦葵科

14．下列科中花5基数，雄蕊数目常为花瓣倍数，子房上位，特立中央胎座，其可能是（　　）。

A．藜科　B．十字花科　C．石竹科　D．大戟科

15．按恩格勒的意见，放在被子植物分类系统首位的原始科应该是（　　）。

A．木兰科　B．金缕梅科　C．毛茛科　D．A＋C

三、填空题（共100空，每空0.25分，共计25分）

1．植物细胞结构中，使植物细胞间连成整体的结构是________和________。

2．植物基本组织根据其形态结构和功能不同，可分为________组织、________组织、________组织、________组织、________组织等5种类型。

3．原生质的化学组成中，其有机物质有________、________、________、________和极微量的________。

4．一般来说，植物新器官的发育和伸长生长主要与________分生组织活动和细胞的生长有关。而植物的增粗是________分生组织的细胞分裂、生长和分化的结果。禾本科植株倒伏后能恢复直立生长，则主要是有________分生组织活动的缘故。

5．多年生木本植物树皮的广义概念是________所有组织的统称。木材是茎的维管形成层多年产生的________；四季分明的地区，同一年产生的________和________构成一个年轮。

6．棉根的初生结构与小麦根的结构基本一样，是由________、________和________三大部分构成。但前者内皮层细胞有________，而后者内皮层细胞有通道细胞和________，且后者的初生木质部束数呈________。

7．植物茎尖分生区顶端有________和________的分层结构，在其后部逐渐衍生出三种初生分生组织，即________、________和________，并发育为茎的初生成熟组织________、________和________等三大部分，共同构成茎的初生结构。

8．根据种子内胚乳的有无，可将种子分为两大类：________种子，它由________、________和________三部分组成，如________植物的种子；另一类为________种子，它由________和________两部分组成，如________植物的种子。

9．被子植物的繁殖方式通常有________和________等三种。

10．禾本科植物的花由________、________和________组成；小花由________和________组成；而小穗由________、________和________组成。

11．雌蕊是由________这种变态叶组合生成的，通常分化为________、________和________三部分。

12．成熟的胚珠由________、________、________、________和珠孔等组成。

13．被子植物花粉管到达胚珠后，一般是通过卵器进入胚囊，其中一个精细胞与________融合，形成________，将来发育成________；另一个精细胞与________融合，形成________，将来发育成________，这种现象或作用称为________。

14．小麦的颖果由________、________、________和________组成。

15．棉花叶是完全叶，其叶片的解剖结构可分为________、________和________三部分，它们依次分别属于________组织、________组织和________组织。

16．按哈钦松的意见，木兰科的原始性状主要有：（1）________（2）________（3）________（4）________（5）________。

17．茄科、蓼科、兰科、唇形科的果实类型分别是________、________、________和________，其常见的植物分别有________、________、________和________。

18．被子植物中，下列哪一个科的称号名副其实？粮食之仓________，如________（植物种名）；中草药宝库________，如________（植物种名）；蔬菜之家________，如________（植物种名）；物种数量之冠________，如________（植物种名）；单种科________，如________（植物种名）。

四、名词解释（共 5 条，每小题 2 分，共 10 分）

1. 细胞周期

2. 双受精作用

3. 同功器官

4. 单性结实

5. 花粉植物

五、写出下列植物的花程式（A 组或 B 组，任选一组，每组 12 分）

1. A. 小麦　　B. 百合
2. A. 油菜　　B. 油菜
3. A. 棉　　B. 桃
4. A. 蚕豆　　B. 紫藤

六、填图题（共 2 题，每题 9 格，共计 9 分）

1. 玉米根尖纵切结构模式简图。
2. 小麦颖果部分纵切结构图。

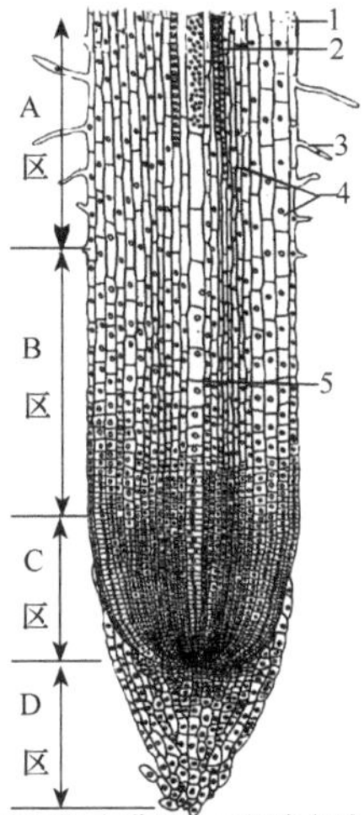

玉米根尖纵切，示根尖各分区

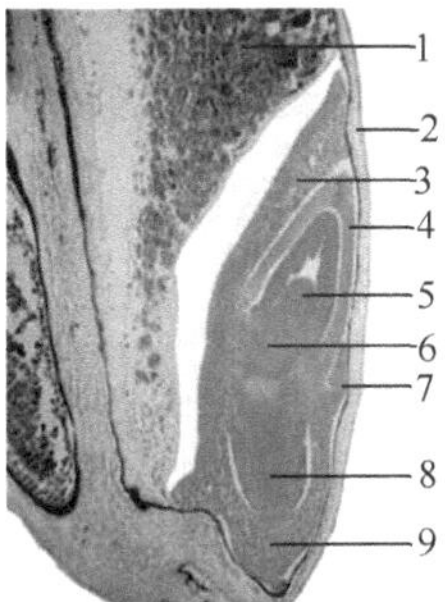

小麦颖果部分纵切

七、简述题（共 2 题，共 14 分）

1．依据下列性状组合成科（或亚科）并写出科名及其编号。（6 分）

（1）复叶（2）头状花序（3）离瓣花冠（4）合瓣花冠（5）二体雄蕊（6）四强雄蕊（7）聚药雄蕊（8）上位子房（9）下位子房（10）1 心皮 1 室子房（11）2 心皮 1 室子房（12）侧膜胎座（13）边缘胎座（14）基生胎座（15）角果（16）荚果（17）瘦果（18）其他果实

（1）____________ 科，组合性状为：

（2）____________ 科，组合性状为：

（3）____________ 科，组合性状为：

2．为什么说被子植物是高等植物中最进化最复杂的类群？（8 分）

试 卷 六

试题	一	二	三	四	五	六	合计
得分							

一、判断题（正确为“√”，错误为“×”。共20题，每小题1分，共计20分）

题号	1	2	3	4	5	6	7	8	9	10	11	12	13	14	15	16	17	18	19	20
答案																				

1. 种子是由胚珠发育而来的结构，农业生产中所用的播种材料如大豆、小麦等，就是用其种子来播种繁殖的。

2. 在农业生产中，子叶出土者播种要浅，如菜豆、棉花；子叶留土者播种可以稍深，如水稻、蚕豆等。

3. 高等植物的器官都是由若干来源相同、形态结构相似和担负一定生理功能的特定细胞构成的。

4. 原生质是细胞中的生活物质。原生质体是由原生质分化而来的结构，是细胞的重要组成部分。

5. 胞间层和胞间连丝将植物体中的全部细胞连成一个有机的整体。

6. 植物根、茎的伸长生长与顶端分生组织的活动有关，其增粗生长则与侧生分生组织的活动有关。

7. 筛管和导管是被子植物重要的输导组织，当筛管被侵填体、导管被胼胝质沉积堵塞后，则不再有输导能力。

8. 玉米根系分布土层浅，大豆根系分布土层深，农业生产中，这两种作物可适当搭配，间种或套种。

9. 根瘤是根瘤细菌和植物的根形成的共生结构，其主要作用是固氮；而菌根则是真菌和豆科植物根形成的共生结构，其主要作用是吸收。

10. 芽是未发育的枝条、花或花序的原始体。芽按其在植物体上发生的位置分为顶芽和侧芽两类。

11. 双子叶植物和单子叶植物茎的初生结构基本相同，由表及里包括表皮、皮层和中柱三部分。

12. 就所学知识而言，棉叶和小麦叶都含有叶片、叶柄和托叶三个不同的组成部分。

13. 落叶是多数植物生长代谢过程中的一种生理现象，常绿不落叶，如广玉兰等；而落叶植物则在劣境时全部落叶，如槐树等。

14. 根、茎交界处维管束发生分离、旋转、合并等的过渡变化导致植物根、茎木质部和韧皮部的发育与排列方式不同。

15. 从变态器官源或组成看，萝卜肉质根是部分主根的变态，甘薯块根是不定根的变态。

16. 植物的繁殖是一种重要的生命活动，被子植物的繁殖方式主要有无性繁殖和有性生殖两类。

17．有丝分裂时一个母细胞分裂产生两个不同的子细胞，减数分裂时一个母细胞分裂产生 4 个相同的子细胞。

18．雄性不育植物是指那些花中的雄蕊发育不正常——不能形成正常的花粉粒，但雌蕊却发育正常的植物。

19．心皮是变态的叶，是构成雌蕊的基本单位，当心皮卷合成雌蕊后，其中发育成果实的结构是子房。

20．有些植物不经过受精作用或雌雄性细胞的融合也能结实的现象称为无融合生殖。

二、单项选择题（由单项或多项组成，共 10 题，每小题 2 分，共 20 分）

题号	1	2	3	4	5	6	7	8	9	10
答案										

1．种子发育形成以后，一般都携带了大量的营养物质，以便在种子萌发和幼苗形成初期供给足够的养分，其营养物质贮存的场所主要是（　　）。

A．胚乳　　B．胚　　C．子叶

D．胚轴　　E．胚乳或子叶

2．细胞是构成植物体的结构和功能的基本单位，植物细胞的基本结构包括细胞壁和（　　）。

A．细胞质和细胞核　　B．原生质体

C．原生质及细胞核　　D．细胞基质及细胞核

E．细胞膜、细胞质和细胞核

3．细胞核是细胞生命活动的控制中心，在细胞周期中的间期，其核可分为（　　）。

A．核（被）膜　　B．核液　　C．核质

D．染色质　　E．核仁

4．在植物的根、茎、叶、花、果、种子中，与营养有关的组织有（　　）。

A．同化组织　　B．输导组织　　C．分泌结构

D．基本组织　　E．胚乳

5．根中初生木质部的发育和成熟方式（或特征）是（　　）。

A．内始式　　B．内起源　　C．外始式　　D．外起源

6．在双子叶植物茎的初生结构中，木质部发育和成熟方式（或特征）是（　　）。

A．内起源

B．原生木质部在后生木质部内侧先发育

C．环（螺）纹导管先于孔（或网）纹导管出现于远轴端

D．内始式

E．由外而内排列的结构是后生木质部、原生木质部

7．在小麦茎中，一个维管束的结构可能包括以下几种成分，它们是（　　）。

A．初生木质部和初生韧皮部　　B．木质部和韧皮部

C．束内形成层　　D．（薄壁）基本组织

E. 维管束鞘

8. 叶是植物光合作用的重要器官，背腹型叶的本质特征是（　　）。

A. 叶片正（腹）反（背）面观叶色不同

B. 叶片上、下表皮上气孔（器）数目明显不等

C. 叶片上、下表皮细胞的外壁上角质膜（层）厚薄不同

D. 叶肉分化出栅栏组织和海绵组织两部分

9. 百合花药发育成熟后，其主要结构包括（　　）。

A. 药隔维管束　B. 药隔

C. 表皮 - 药室内壁 - 中层 - 绒毡层　D. 表皮 - 纤维层 - 花粉粒

E. 表皮 - 纤维层 - 中层　F. 花粉粒

10. 荠菜、小麦等植物的胚乳发育特征是（　　）。

A. 沼生目型胚乳　B. 细胞型胚乳

C. 核型胚乳　D. A 和 B

E. B 和 C

三、填空题（共 120 空，每空 0.25 分，共 30 分）

1. 玉米的籽粒包括________、________、________和________几部分，其中最主要的结构成分是由________、________、________、________、________和________等组成的。

2. 观察洋葱鳞叶表皮装片，可见到________、________、________和________。

3. 植物细胞中具有双层膜结构的细胞器有________和________等，含单层膜结构的细胞器有________、________和________等，而________和________等则是无膜结构的细胞器。

4. 细胞壁是原生质体生命活动过程中所形成的多种壁物质在质膜的外方复合成的结构。在细胞形成初期产生的壁称________，在细胞生长增大体积时所形成的壁为________，而________则是细胞体积停止增大后加在初生壁内侧的壁层。

5. 后含物是植物细胞生命活动过程中产生的贮藏物质、代谢中间产物及废物的总称，如________、________、________、________和________等。

6. 在成熟组织中，保护组织包括________和________，基本组织包括________、________、________、________和________，机械组织包括__________和__________两类，而分泌结构则有__________和__________两大类。

7. 根尖由上而下可分为__________、__________、__________和__________4 个区，它们分别具有__________、__________、__________和__________等的作用。

8. 有些双子叶植物根的中柱鞘具有潜在的分裂能力，__________、__________和__________等都起源于此。当根进行增粗生长时，__________的一部分及__________都发生于中柱鞘。

9. 芽按其发芽后所形成的器官可分为__________、__________和__________。

10. 植物的分枝方式有多种，常见的有__________，如棉的果枝，以及葡萄、柑橘等；__________，如松、杉、柏等；__________，如丁香等植物；__________，如水

稻、小麦、某些竹类植物等。

11. 双子叶植物茎尖的初生分生组织包括 ________、________ 和 ________，它们分别发育成熟为 ________、________、________ 和 ________ 等，共同构成双子叶植物茎的初生结构。

12. 双子叶植物茎的维管形成层包括 ________ 和 ________ 两种原始细胞，前者分裂生长可产生出 ________ 和 ________ 两种结构，构成茎中的轴向维管系统，后者分裂生长产生 ________ 和 ________，构成茎中的径向的射线系统。

13. 棉叶片的结构包括 ________、________ 和 ________ 三部分，其功能分别是 ________、________ 和 ________。

14. 禾本科植物的小穗结构（如水稻）由上而下包括 ________、________、________、________、________、________、________ 和 ________ 等部分。

15. 大多数被子植物的成熟花粉粒结构是由 ________、________ 和 ________ 组成的。

16. 蓼型成熟胚囊的结构包括 ________、________、________ 和 ________ 等 4 类形态、结构和生理功能高度特异的细胞。

17. 异花传粉是植物界最普遍的传粉方式，植物对异花传粉的适应性方式有：________、________、________、________ 和 ________ 几种，异花传粉的媒介主要是 ________ 和 ________。

18. 被子植物胚的发育始于合子，经过 ________、________ 和 ________ 三个时期而发育成熟。

19. 在被子植物的生活史过程中，雄蕊花药中的 ________ 经减数分裂产生单倍体的 ________，经有丝分裂产生一个营养细胞、一个生殖细胞；而后生殖细胞分裂产生两个 ________（雄配子）；同时，大多数植物的胚珠内形成的 ________ 经 ________，产生单细胞胚囊（大孢子），经分裂产生出 ________（雌配子）、________（或称中央细胞）等。当植株开花传粉受精时，其中雌配子受精后发育形成 ________（受精卵），再由此发育成 ________，中央细胞经受精后形成 ________，最后发育成 ________，而种皮则由 ________ 发育而来。

20. 被子植物的整个生活史过程经历了两个基本阶段，一个是从 ________，这一阶段细胞内染色体数目为二倍体（$2n$），称为 ________，另一个阶段是从 ________，其细胞内染色体数目为单倍体（n），称为 ________。

四、名词解释（共 5 题，每小题 2 分，共 10 分）

1. 分泌结构

2. 花图式

3. 初生增粗生长

4. 假果

5. 年轮

五、简答题（共 2 题，每小题 5 分，共 10 分）

1. 表解花粉囊结构的发育过程。

2. 比较棉根、茎初生结构各层次的不同点。

结构层次	根	茎
表皮		
外皮层		
内皮层		
皮层比例		
中柱鞘		
木质部发育方式		
初生木质部与初生韧皮部间的排列		
髓		
髓射线		
其他（薄壁细胞）		

六、填图题（共 20 空，每空 0.5 分，共 10 分）

1. 百合子房横切结构简图（4 空）。

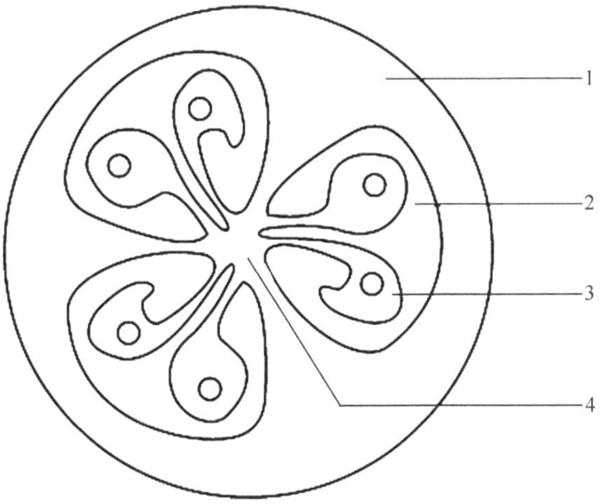

2．成熟胚珠纵切结构简图（6 空）。

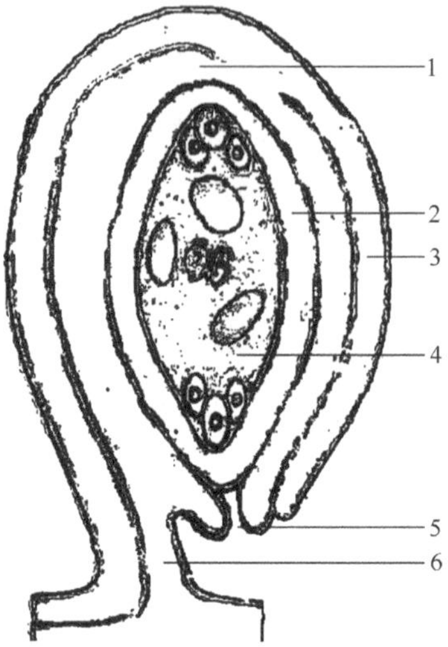

3．小麦叶片横切结构图（4 空）。

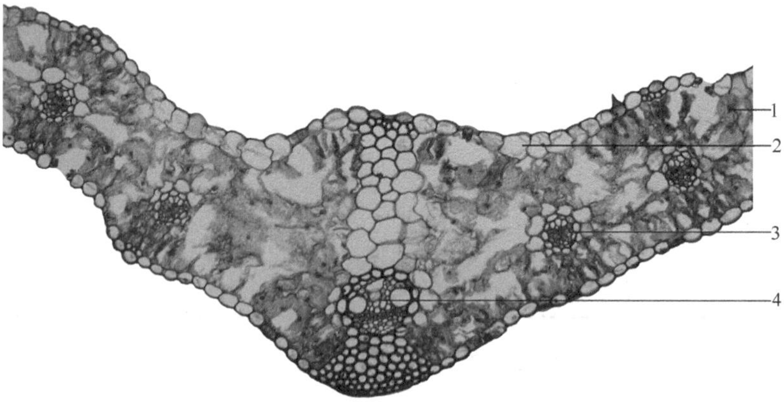

4．大豆茎横切结构简图（6 空）。

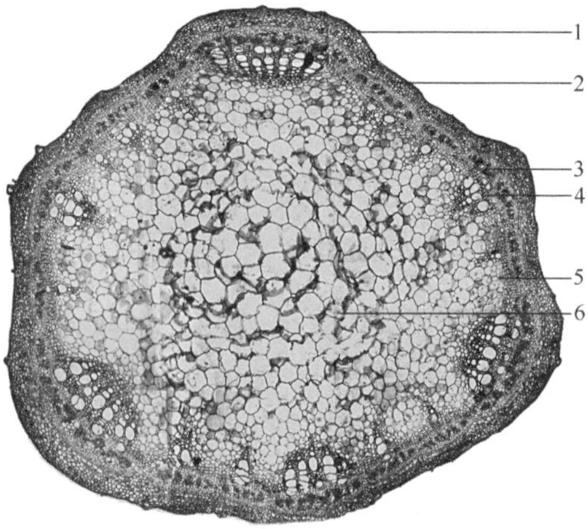